Landthaler / Wolfram

Köstlich essen bei Gicht

Irmgard Landthaler
Prof. Dr. med. Günther Wolfram

Köstlich essen bei Gicht

Über 130 Rezepte:
Endlich niedrige Harnsäurewerte

TRIAS

Porridge (S. 43)

Baguette mit Schafskäse (S. 71)

Gicht, was ist das?

Richtig essen bei Gicht

Rezepte – schmackhaft und lecker

Das Rezept zum Coverfoto finden Sie auf S. 84.

Zitronenhähnchen (S. 90)

Mousse au Chocolat (S. 90)

Liebe Leserinnen, liebe Leser!

Wenn Sie dieses Buch in Händen halten, haben Sie wahrscheinlich schon länger oder vielleicht auch erst vor Kurzem die Diagnose Gicht erhalten. Gicht ist eine Krankheit, bei der Sie selbst viel zur Verbesserung Ihres Gesundheitszustandes beitragen können. Voraussetzung sind gute Kenntnisse über die Krankheit. Und: Bei einer guten (multidisziplinären) Behandlung schränkt die Gicht weder Lebensqualität noch Lebenserwartung ein.

Ursache dieser Krankheit ist meist eine erbliche Stoffwechselstörung, die in Verbindung mit einer erhöhten Purinzufuhr mit der Nahrung zu einer Vermehrung der Harnsäure in den Körperflüssigkeiten führt. Die erhöhten Harnsäuremengen fallen als Kristalle aus und verursachen in einem Gelenk einen entzündlichen, schmerzhaften Gichtanfall oder in den ableitenden Harnwegen eine Steinbildung mit einer nachfolgenden schmerzhaften Nierensteinkolik. Die Lebens- und Ernährungsgewohnheiten unserer Wohlstandsgesellschaft sind die Ursachen für die zunehmende Häufigkeit von Gicht.

Insbesondere zu viele Kalorien bei zu wenig körperlicher Aktivität, erhöhte Zufuhr von Purinen mit der Nahrung und erhöhter Alkoholkonsum wirken sich ungünstig aus. Die guten Erfolge moderner Arzneimittel bei der Behandlung der Gicht führten zu der irrigen Ansicht, dass eine Ernährungstherapie bei Gicht nicht mehr modern sei. Das stimmt nicht, da Fehler bei der Ernährung trotz Arzneimitteln zu einem Ausbruch der Gicht führen können. Mithilfe der richtigen Ernährung können die Komplikationen der Gicht verhindert sowie Arzneimittel und damit Kosten und Nebenwirkungen eingespart werden.

Lassen Sie sich von der Auswahl der Köstlichkeiten in diesem Buch inspirieren und überzeugen Sie sich selbst: Eine ausgewogene Ernährung mit moderatem Puringehalt ist schmackhaft und abwechslungsreich. Natürlich, die Fleisch- oder Fischportionen fallen kleiner aus und die Eintöpfe enthalten weniger Fleisch, schmecken aber trotzdem ausgezeichnet. Genießen Sie mit der ganzen Familie oder auch mit Freunden die kulinarischen Köstlichkeiten.

Irmgard Landthaler und Günther Wolfram

Mein perfektes Dinner

Vorspeise

Crostini mit Räucherlachs

Für 12 Stück • gelingt leicht
15 Min.

150 g Räucherlachs • 100 g Schmand • 1 EL Dill, gehackt • Pfeffer • 12 geröstete Baguettescheiben • Dillspitzen zur Garnitur

- Räucherlachs klein würfeln und mit Schmand in einer Schüssel mischen. Gehackten Dill untermischen.

- Lachscreme mit Pfeffer würzen, auf die Brotscheiben streichen und mit Dillspitzen garnieren.

Nährwerte pro Stück
75 kcal • 4 g E • 3 g F • 8 g KH • 1 g Ba • 28 mg Harnsäure

Hauptgang

Auberginen-Auflauf

Für 4 Personen • gut vorzubereiten
50 Min. + 25 Min. Backzeit

2 mittelgroße Auberginen • Salz • 1 kleine Zwiebel • 1 Knoblauchzehe • 4 EL Olivenöl • 1 TL getrockneter Oregano • 600 g pürierte Tomaten • Pfeffer • 2 Kugeln Mozzarella • 100 g geriebener Parmesan

- Den Backofen auf 200 Grad (Ober-/Unterhitze) vorheizen. Auberginen der Länge nach in dünne Scheiben schneiden, leicht salzen. 15 Min. ziehen lassen. Auberginen mit Küchenpapier gründlich abtupfen.

- Die Auberginen in mehreren Portionen bei mittlerer Hitze goldbraun in wenig Öl anbraten und auf Küchenpapier abtropfen lassen. Zwiebel und Knoblauch abziehen, fein hacken und in Olivenöl glasig dünsten. Oregano und Tomaten zugeben und etwas einkochen. Mit Salz und Pfeffer abschmecken.

- Den Mozzarella fein würfeln. Auberginen, Tomatensauce, Mozzarella und Parmesan in eine Auflaufform schichten und bei 200 Grad 25 Min. goldbraun backen.

Nährwerte pro Portion
322 kcal • 17 g E • 25 g F • 5 g KH • 4 g Ba • 37 mg Harnsäure

Nachspeise

Quark-Krokant-Creme

Für 4 Personen • gelingt leicht
20 Min.

100 g Nüsse (Haselnüsse, Kürbiskerne) • 1 TL Butter • 50 g Haferflocken • 4 EL Ahornsirup • 250 g Magerquark • 150 g Joghurt • 3 EL Vanillezucker

- Die Nüsse grob hacken. Nüsse und Haferflocken in der Butter goldbraun rösten. Ahornsirup zugeben und kurz mitrösten. Die Hälfte des Krokants in 4 Schälchen verteilen.

- Quark, Joghurt und Vanillezucker glatt rühren. Creme in die Schälchen verteilen, mit dem restlichen Krokant bestreuen.

Nährwerte pro Portion
345 kcal • 14 g E • 18 g F • 29 g KH • 3 g Ba • 10 mg Harnsäure

Gicht, was ist das?

Dass ein schmerzendes Gelenk etwas mit unserem Lebensstil zu tun haben soll, ist für viele Betroffene schwer nachzuvollziehen. Doch wer mit den Pfunden kämpft, sich wenig bewegt und regelmäßig Alkohol trinkt, dessen Harnsäurewerte sind oft erhöht. Und meist merkt man nichts von der sogenannten Hyperurikämie, einem Vorboten der Gicht.

Von einer Hyperurikämie sprechen Mediziner, wenn sich in 100 ml Blutserum mehr als 6,5 mg Harnsäure finden. Harnsäure gehört zur Gruppe der Purine. Es handelt sich um Bausteine von Körperzellen: Alle Menschen, Tiere und Pflanzen tragen Purine in jeder ihrer Zellen. Purine werden im menschlichen Organismus zu Harnsäure abgebaut und über die Niere ausgeschieden. Jeden Tag entstehen im Organismus bei der Zellregeneration schon etwa 300 mg Harnsäure aus ca. 100 mg körpereigenen Purinen. Dazu kommen normalerweise noch etwa 300 – 600 mg Harnsäure aus der Nahrung, denn bei jeder Mahlzeit essen wir Purine. Innereien, Hähnchenhaut und bestimmte Fischsorten enthalten besonders viel Purin.

Normalerweise regelt der Körper die Ausscheidung ganz automatisch, auch wenn vorübergehend zu viel Harnsäure vorhanden ist. Doch manchmal klappt das nicht – wenn der Purinstoffwechsel gestört ist. Wenn Menschen mit einem derart gestörten Stoffwechsel zu viele Purine zu sich nehmen oder regelmäßig viel Alkohol trinken, können die Nieren den Überschuss nicht mehr schnell genug ausscheiden.

Warum vermehrte Harnsäure dem Körper schadet

Erreicht die Konzentration von Harnsäure einen Grenzwert, bei dem sie in den Körperflüssigkeiten nicht mehr in Lösung bleiben kann, fallen Harnsäurekristalle aus, die sich ablagern. Sie setzen sich in den Gelenken fest, aber auch in Knorpel, Knochen, Schleimbeuteln, Sehnenscheiden und in der Niere. Aus der Hyperurikämie hat sich eine Gicht entwickelt. Konzentriert sich die Harnsäure im Nierengewebe, führt dies in der Regel zu einer chronischen Gichtniere. Auch Harnsäuresteine in den ableitenden Harnwegen zählen zu den Folgen einer Gicht. Sie verursachen zum Teil sehr schmerzhafte Koliken. Leider kann diese Krankheit bis hin zum kompletten Nierenversagen führen.

Alkohol und üppiges Essen sind oft Auslöser

Männer leiden öfter an Gicht, und Frauen trifft Gicht meist erst nach den Wechseljahren. Kommt Übergewicht ins Spiel, ist die Harnsäurekonzentration im Blut ebenfalls erhöht. Gicht beginnt häufig mit einer akuten Entzündung am Großzehengrundgelenk. Der erste Gichtanfall entwickelt sich ganz plötzlich – meist nach einem üppigen Essen mit viel Fleisch oder an einem Abend, an dem viel Alkohol getrunken wurde. Auch Fasten, z. B. Nulldiät, kann durch die Ketonkörper einen Gichtanfall auslösen. Zuvor geht es den Betroffenen meist gut. In der Nacht oder am frühen Morgen schwillt ein Gelenk an und wird heiß. Es schmerzt bei der geringsten Berührung und ist rot gefärbt. Bei einem Gichtanfall kann sich häufig das Daumengrundgelenk oder, seltener, ein anderes Gelenk entzünden. Klingt die Entzündung nach einigen Tagen ab, ist das Gelenk wieder voll funktionsfähig und belastbar.

Warum eine unbehandelte Gicht gefährlich ist

Während eines Gichtanfalls sollte man das betroffene Gelenk schonen und weich betten. Ein akut antientzündlich wirkendes Medikament muss den Gichtanfall stoppen, weil sich die sehr schmerzhafte Entzündung sonst bis zu 2 Wochen lang hinziehen kann. Außerdem ist eine streng purinarme Diät während des Krankheitsschubs genauso wichtig, wie genügend zu trinken. Insbesondere bei einer Nierensteinkolik sollten Sie reichlich trinken. Die schweren Folgen einer Gicht lassen sich vermeiden, wenn man schon früh mit der Therapie beginnt. Medikamente zur Senkung der Harnsäurewerte werden dann eingesetzt, wenn Gelenke verändert, die Nieren bereits geschädigt sind oder der Harnsäurewert trotz purinarmer Kost ständig über 8 mg pro 100 ml Blutserum liegt (normal sind Konzentrationen von unter 6,5 mg pro 100 ml). Man unterscheidet zwischen 2 Medikamentengruppen: Urikosurika fördern die Ausscheidung von Harnsäure über die Nieren und Urikostatika hemmen die Bildung von Harnsäure im Körper. Studien haben gezeigt, dass Betroffene mit einer unbehandelten Gicht anfälliger für einen Herzinfarkt sind. Zu den stummen Folgen einer erhöhten Harnsäurekonzentration zählen außerdem chronische Gelenkveränderungen und Nierenschäden.

Primäre und sekundäre Form

Beim Gesunden wird der Harnsäurespiegel automatisch in Balance gehalten: Das, was man zu viel isst, wird einfach ausgeschieden. Bei Hyperurämikern, also bei Menschen mit einem erhöhten Harnsäurespiegel, ist dieses Gleichgewicht gestört. Schuld daran trägt meist eine angeborene Stoffwechselstörung – man spricht von einer primären Hyperurikämie, wenn der Purinstoffwechsel eines Menschen aufgrund eines erblichen Defekts gestört ist. Wenn dann noch Übergewicht ins Spiel kommt, die Betroffenen viele Purine essen oder viel Alkohol trinken, halten sich Aufnahme und Ausscheidung nicht mehr die Waage und die überschüssige Harnsäure lagert sich in Form von Kristallen im Gewebe bzw. in den Gelenken ab oder bildet Nierensteine.

Bei der sekundären Form der Hyperurikämie verursachen andere Krankheiten (z. B. Nierenerkrankungen oder Blutkrebs) den erhöhten Harnsäurespiegel. Ob Sie nun Medikamente einnehmen müssen oder nicht, wird Ihr Arzt entscheiden.

Sie haben Einfluss auf den Krankheitsverlauf

Glücklicherweise liegt der Verlauf der Krankheit in Ihrer Hand. Wahrscheinlich haben Sie Ihren ersten Gichtanfall nach einer üppigen Mahlzeit mit evtl. viel Alkohol gehabt. Nicht ohne Grund: Da unser Körper die in den Lebensmitteln enthaltenen Purine zu Harnsäure abbaut, ist es wichtig, fortan den Purin- bzw. Harnsäuregehalt der Lebensmittel im Auge zu behalten. Im Rezeptteil finden Sie zahlreiche leckere Gerichte, bei denen gar nicht auffällt, dass sie arm an Purinen sind. Lecker essen und Purine sparen ist nämlich gar nicht schwer!

Purinzufuhr einschränken

Halten Sie Ihren Harnsäurespiegel möglichst niedrig. Bei der Ernährung kommt es auf den Puringehalt der Lebensmittel an: Innereien und die Haut von Fleisch und Fisch enthalten sehr viel Purin, ebenso Ölsardinen, Sardellen und Sprotten. Davon sollten Sie, wenn überhaupt, nur sehr kleine Mengen essen. Aber keine Sorge, Sie müssen auf Fleisch und Fisch nicht verzichten – wahrscheinlich werden aber die Portionen etwas kleiner ausfallen als bisher.

Die Purine in den Lebensmitteln im Auge zu behalten lohnt sich wirklich: Gelingt es Ihnen, die Harnsäurekonzentration im Blut auf Dauer deutlich zu senken, lösen sich die Ablagerungen im Körper auf, Nierensteine verkleinern sich und sogar verformte Gelenke werden wieder funktionsfähig.

Trinken Sie reichlich. Denn wenn Sie ausreichend trinken, werden Sie die überschüssige Harnsäure besonders wirksam los! Früher haben Ärzte empfohlen, nicht mehr als maximal 300 mg Harnsäure pro Tag aufzunehmen. Da diese strenge Kost aber kaum alltagstauglich ist, setzt man heute die tägliche Zufuhr auf 300–500 mg.

Bei allen Rezepten finden Sie unter den Nährwerten jeweils den Harnsäurewert des Gerichts, das ist die Menge Harnsäure in mg, die im Körper aus den Purinen in diesem Gericht entsteht. So kann man einen direkten Bezug zwischen den Purinen in der Nahrung und der daraus im Körper entstehenden Harnsäure herstellen.

Purinbomben erkennen

Große Mengen an Purinen stecken immer in:

- Innereien wie Leber, Niere, Lunge
- Haut, beispielsweise von Grillhähnchen, Schweineschwarte oder Fisch
- Meeresfrüchten, Sprotten, Hering, Ölsardinen und Sardellen

Diese Nahrungsmittel sind regelrechte Purinbomben, denen Sie besser aus dem Weg gehen. Aber hier die gute Nachricht: Während man früher bei Gicht Fleisch, Wurst und Fisch komplett vom Speiseplan gestrichen hat, schränken Ernährungsexperten heute lediglich die Portionsgröße ein. Zu einer abwechslungsreichen Kost gehört in Maßen verzehrt auch Fisch. Rein rechnerisch sollten Gichtkranke pro Tag maximal 150 g Fisch, Fleisch oder Wurst essen.

Was tun während eines Gichtanfalls?

Während eines Gichtanfalls gilt es in erster Linie, viel zu trinken, damit die überschüssige Harnsäure ausgeschwemmt wird, und es ist außerdem ratsam, in dieser Phase möglichst purinarm zu essen. Trinken Sie über den Tag verteilt mindestens 1,5–2 Liter Wasser und ungesüßten Tee. Bei der Ernährung während eines Gichtschubs helfen Ihnen die Rezepte in diesem Buch dabei, die Harnsäuremenge zu berechnen. Die Nährwerte der Gerichte geben jeweils Aufschluss über die darin enthaltene Harnsäure.

Versuchen Sie, unter 300 mg Harnsäure pro Tag zu bleiben. Übrigens werden durch Medikamente nur die Folgen und nicht die Ursachen behandelt. Gicht wird von einer angeborenen Stoffwechselstörung verursacht, die letztlich nicht geheilt werden kann. Daher sollten Sie Ihre Arzneimittel immer regelmäßig einnehmen und nicht selbstständig absetzen.

Dass Sie Medikamente gegen Ihre Gicht einsetzen, bedeutet nicht, dass Sie nicht darauf achten müssen, was Sie essen. Üppige Mahlzeiten mit viel Fleisch und womöglich viel Alkohol können unter Medikamenten genauso zu einem Gichtanfall oder einer Nierenkolik führen. Lassen Sie generell von Ihrem Arzt regelmäßig Ihre Harnsäurewerte kontrollieren. Und während eines Gichtanfalls sollten Sie Ihre Arzneimittel weiternehmen, allerdings auch einen Arzt konsultieren, der Ihnen ein Medikament gegen die Entzündung im Gelenk verschreibt, sodass die zum Teil starken Schmerzen möglichst schnell verschwinden.

Die Sache mit dem Alkohol

Alkohol sorgt dafür, dass die Leber mehr Harnsäure bildet. Gleichzeitig blockiert er die Ausscheidung von Harnsäure über die Niere. Daher erleiden auch viele Menschen ihren ersten Gichtanfall nach einem Trinkgelage. Wichtig ist zu beachten, dass sehr viel Alkohol einen erneuten Anfall provozieren kann. Gegen ein Glas Wein oder Sekt ist nichts einzuwenden.
Vielleicht gönnen Sie sich einfach einen edlen Tropfen, den Sie in vernünftigen Mengen dann richtig genießen können. Bier hemmt durch seinen Alkoholgehalt nicht nur die Ausscheidung von Harnsäure, sondern liefert auch zusätzlich Purine. Achtung: Alkoholreduziertes oder alkoholfreies Bier liefert in etwa gleich viel Purine. Bei Wein kommt es auf den Alkohol- und nicht auf den Puringehalt an – in Rotwein steckt oft etwas mehr Alkohol. Es kommt also immer auf die Menge an.

Reichlich trinken bei Harnsäuresteinen

Wenn Sie zu Harnsäuresteinen neigen, heißt es, dass zu viel Harnsäure im Urin konzentriert ist. Hier hilft eine purinarme Ernährung, um die auszuscheidende Harnsäuremenge zu senken. Im 2. Schritt sollten Sie reichlich trinken, um den Urin zu verdünnen – im Sommer oder während des Sports noch mehr als sonst, da Sie beim Schwitzen Flüssigkeit verlieren. Gerade vor dem Schlafengehen oder auch während der Nacht sollten Sie eine Wasserflasche parat haben, damit zu keiner Zeit die Harnsäurekonzentration im Urin gefährlich ansteigt. Ist der Urin zu sauer, wird Ihnen Ihr Arzt dagegen ein Arzneimittel verschreiben.

Wie bei allen Steinarten ist eine ausreichende Harnverdünnung über den ganzen Tag erforderlich (2 l Harn/24 h). Dabei ist es besonders günstig, alkalisierende Getränke aufzunehmen, z. B. bikarbonatreiche Mineral- oder Heilwässer (HCO_3 > 1500 mg/l). Ebenfalls alkalisierend wirken Zitrussäfte (Orangen- und Zitronensaft) – am besten als Schorle. Dagegen verstärken Limonaden, Cola-Getränke und alle Alkoholsorten die Säurevalenzen im Körper.

Richtig essen bei Gicht

Geht es um die purinarme Ernährung, so führen immer noch Gichtmythen zur Verunsicherung. Beispielsweise dass Sie keinen Kaffee oder Tee mehr trinken dürfen. Doch das ist nicht richtig: Die in Kaffee und Tee enthaltenen Purine werden nicht zu Harnsäure abgebaut. Auch Mineralwasser mit Kohlensäure bereitet keine Probleme, genauso wenig wie Tomaten. Helles Fleisch (Geflügel) und dunkles (Rind) liefern ungefähr gleich viel Purine. Und bei Zucker ist es so, dass zu viel Fruktose den Harnsäurespiegel erhöht. Insbesondere mit Fruktose gesüßte Getränke erhöhen das Gichtrisiko. Daher sollten Sie Fruchtsäfte und zuckerreiche Erfrischungsgetränke wie Limonaden oder Cola sehr eingeschränkt genießen. Es ist wie so oft: Die Menge ist entscheidend!

Vollwertig, purinarm, moderate Fettzufuhr

Wie in vielen anderen Lebensbereichen gilt es auch bei der Ernährung, das rechte Maß zu finden – passend zum jeweiligen Alter, Energiebedarf und Gesundheitszustand. Durch die Umstellung auf eine vollwertige und purinarme Ernährung sowie weitgehenden Verzicht auf Alkohol lässt sich die Harnsäurekonzentration im Blut senken. Mit dem nötigen Wissen werden Sie nicht nur langsam, aber sicher und damit auf gesunde Weise Ihr Gewicht normalisieren, sondern sich auch insgesamt wohler fühlen. All das werden Sie übrigens nicht ohne Genuss tun. Im Gegenteil: Unsere Gerichte schmecken und machen Spaß. Belohnen Sie sich daher ab und zu mit etwas Süßem oder einem Lieblingsgericht. Regelmäßige Bewegung unterstützt die Ernährungstherapie in allen Bereichen und trägt zum besseren Wohlbefinden bei. 30 – 60 Minuten strammes Spazierengehen reichen schon aus. Und überlegen Sie, wie Sie Ihr Leben bereichern können, und suchen Sie sich ein Hobby, das Ihnen Spaß macht und das Sie schon immer mal ausprobieren wollten (Wandern, Radfahren, Schwimmen, Tanzen, Musizieren, Malen etc).

Selber kochen und viel Frisches essen

Greifen Sie nach Herzenslust zu bei Gemüse aller Art. Bei Hülsenfrüchten denken Sie bitte an den Puringehalt. Frisches Obst aller Art dient

zur willkommenen Abwechslung für zwischendurch. Essen Sie sich zu den Mahlzeiten satt – mit viel Gemüse und Salaten und weniger Fleisch und Fisch. Achten Sie besonders auf die Fette, vor allem auf die versteckten Fette in tierischen Produkten. Damit Sie lange satt bleiben, sollten Sie Vollkornbrot und Vollkornprodukte bevorzugen, denn beides liefert Ballaststoffe und ist mineralstoffreich.

Hier die wichtigsten Empfehlungen im Überblick:

- purinreiche Lebensmittel reduzieren
- Fisch und Meerestiere nur einmal pro Woche
- fettreduzierte Milch- und Milchprodukte bevorzugen
- reichlich purinarme pflanzliche Lebensmittel
- Hülsenfrüchte und Sojaprodukte in Maßen
- Alkohol, insbesondere Bier meiden bzw. reduzieren
- mit Fruktose/Fruktosesirup gesüßte Getränke vermeiden
- mindestens 2 l Trinkflüssigkeit pro Tag
- Übergewicht abbauen
- strenges Fasten vermeiden

Jeden Tag Gemüse und Milchprodukte

Kein Märchen hingegen ist, dass es von Natur aus Lebensmittel gibt, die sehr wenige oder keine Purine enthalten. Beispielsweise nahezu alle Obst- und Gemüsesorten. Planen Sie täglich 1 bis 2 Stück Obst und 2 bis 3 Portionen Gemüse, schlagen Sie gleich 2 Fliegen mit einer Klappe: Gemüse enthält kaum Energie, dafür aber viele Ballaststoffe und Wasser, es sättigt dementsprechend lange und füllt den Magen gut. Einzige Ausnahmen: getrocknete Bohnen, Erbsen, Linsen und Produkte aus Sojabohnen enthalten relativ viele Purine – Hülsenfrüchte sollten Sie daher nicht gerade jeden Tag essen. Kohlgemüse, Schwarzwurzeln, Spinat und Spargel enthalten auch etwas höhere Purinmengen.

Achtung: Wenn Sie eine streng vegetarische Kost einhalten, dann müssen Sie größere Mengen essen, um den Energiebedarf zu decken. Verwenden Sie dabei Hülsenfrüchte, erreichen Sie unter Umständen eine Purinzufuhr, die höher liegt als bei einer Kost mit den vorgeschlagenen kleineren Fleischportionen. Für alle anderen Gemüsesorten gibt es keinerlei Einschränkungen.

Mehrere Portionen Gemüse und Obst am Tag

Mehrere Portionen Gemüse oder Obst jeden Tag zu essen ist leichter zu realisieren, als Sie denken. Das Maß für eine Portion ist dabei die eigene Hand, 1 Portion entspricht also 1 Handvoll Himbeeren, Apfelschnitzen oder Staudensellerie. Daraus ergeben sich ganz automatisch Mengen, die zum Alter und zur Körpergröße passen. Das ist keine Diät, sondern eine Ergänzung der vollwertigen Mahlzeiten für die ganze Familie.

So kommen Sie ganz leicht auf die Mengen:

- Zum Frühstück: Sticks von Gurke, Tomaten oder Karotten bzw. frisches Obst zum Müsli.
- Als Verpflegung und für zwischendurch: Gemüsesticks, z. B. Tomatenecken, Gurkenscheiben, Paprikastreifen, Radieschen auf belegten Broten oder in einer Vorratsdose. Joghurt oder Quark mit Nüssen und Obst.
- Zum Mittagessen: Rohkost oder Salat als Vorspeise und eine Gemüseportion zum Hauptgericht dazu.
- Zur abendlichen Brotmahlzeit, belegen Sie Ihr Brot zusätzlich mit Rettich-, Tomaten- oder Gurkenscheiben. Ersetzen Sie die Chips am Abend durch Rohkost mit Sourcream (Seite 84).

Am besten jeden Tag: Salat

Salat ist nicht gleich Salat. Die Palette reicht von einfarbigen Sorten bis zu bunten, der Geschmack von mild bis kräftig. Blattsalate liefern von Natur aus wenig Kalorien, vor allem sind sie sehr purinarm. Hier dürfen – sollten Sie sogar! – mit gutem Gewissen über die Stränge schlagen.

Bataviasalat ähnelt mit seinem neutralen Geschmack dem Kopfsalat, in seiner knackigen Struktur der Blätter und der Haltbarkeit dem Eisbergsalat.

Eichblattsalat verdankt seinen Namen der Form und der Färbung seiner Blätter. Leider ist er sehr empfindlich und fällt leicht zusammen. Er mag besonders leichte Dressings ohne deftige Beigaben wie Zwiebeln oder Paprika.

Romanasalat: In seiner zarten Struktur ähnelt er Kopfsalat, der Geschmack ist aber herzhafter. Zu ihm passen besonders gut kräftige Senfmarinaden.

Krauser Endiviensalat oder Frisée. Beide Sorten stammen von den Zichorien ab und schmecken daher etwas bitter. Die Blätter variieren von leicht gekraust bis hin zu fein gefiedert. Zu seinem kräftigen Geschmack passen pikante Marinaden.

Rukola, auch Rauke genannt, hat einen würzigen, sesamartigen Geschmack, der besonders gut mit Kopf- und Tomatensalat in Joghurt- oder Kräuterdressings harmoniert.

Feldsalat, Rapunzel oder Ackersalat ist der typische Herbst- und Wintersalat. Er schmeckt leicht und nussig und zu ihm passen besonders Essig-Öl-Marinaden mit Zwiebeln und auch süßliche Dressings. Das Aroma des Feldsalats ergänzt sich gut mit dem von Äpfeln und Nüssen.

Harnsäureangaben schwanken sehr. Der Puringehalt in Lebensmitteln schwankt sehr, vergleichen Sie am besten keine Tabellen miteinander. Da der Purin- bzw. Harnsäuregehalt in Lebensmitteln aufgrund verschiedener Faktoren wie z. B. Wachstum, Düngung, Lagerung und Zubereitung schwanken kann, sind alle Harnsäureangaben als Durchschnittswerte anzusehen. So erhöhen gelagertes Fleisch und gelagerter Fisch den Harnsäurespiegel im Blut etwas stärker als frische Ware. Denn während der Lagerung wird ein Teil der purinhaltigen Verbindungen aufgeschlossen. Die dabei entstehenden niedermolekularen Verbindungen werden vom Darm leichter aufgenommen und erhöhen die Harnsäurekonzentration im Blut daher stärker.

Herbstliches Gemüse: Kürbisse

In Mittel- und Südamerika gehörten Kürbisse zu den Grundnahrungsmitteln der Indianer. Im 16. Jahrhundert wurden die Speisekürbisse nach Europa gebracht. Hier galten Kürbisse lange als typisches »Arme-Leute-Essen«, doch schon seit einigen Jahren hält der Kürbis vermehrt Einzug in die gehobene Küche. Die Kerne einiger Kürbissorten werden zur Herstellung von Öl verwendet, bekannt ist das Kürbiskernöl aus der

Gemüse und Salat, aber auch 1 – 2 Portionen Obst pro Tag sind eine gute Zwischenmahlzeit

Obst (essbarer Anteil)	Portionsgröße	Harnsäure (mg) pro Portion	kcal pro Portion
Ananas	100 g, 1 Scheibe	20	55
Apfel	100 g, 1 Stück	15	54
Aprikose	150 g, 3 Stück	30	66
Banane	100 g, 1 Stück	25	91
Birne	150 g, 1 Stück	23	83
Brombeeren	150 g	22	62
Erdbeeren/Himbeeren	150 g	37/27	48/53
Grapefruit	150 g, ½	15	62
Heidelbeeren (tiefgekühlt)	150 g	30	75
Johannisbeeren, rot	150 g	23	53
Kirschen, süß	150 g	23	93
Kiwi	80 g, 1 Stück	15	41
Honigmelone/Wassermelone	150 g/150 g	50/40	81/52
Orange	150 g, 1 Stück	30	63
Pfirsich	150 g, 1 Stück	27	62
Preiselbeeren	50 g	7	18
Rhabarber	150 g	8	21
Stachelbeeren (TK)	150 g	23	42
Zwetschgen	150 g, 4 Stück	30	74
Paprika	150 g	23	26
Karotten	150 g	17	36
Karottensaft	1 Glas	10	42
Gurke	150 g	11	16
Tomaten	1 Stück 80 g	9	15
Tomatensaft	1 Glas	10	34
Rettich	100 g	10	13

Steiermark (Österreich) – lecker in Kürbissuppe oder auch zu Vanilleeis.

Rondini: Sie sehen aus wie runde Zucchini und müssen jung geerntet werden. Rondini isst man mit der Schale.

Winterkürbisse werden im Spätherbst geerntet und können mehrere Monate gelagert werden. Einen reifen Winterkürbis erkennt man daran, dass, wenn man gegen die Schale klopft, ein hohler Ton ertönt. Sie sind wohlschmeckend und können sogar eingefroren werden.

Hokkaido ist eine besonders aromatische Sorte und gehört mit 2–4 kg Gewicht zu den relativ kleinen Riesenkürbissen. Die Schale ist dunkelgrün mit hellen Streifen oder orangefarben. Das Fruchtfleisch ist fest und kräftig orangefarben. Haltbarkeit: ca. vier Monate.

Butternut ist ein Moschuskürbis. Er ist birnenförmig und hat eine glatte Oberfläche. Das Fruchtfleisch ist dunkelorange und enthält sehr wenige Kerne. Er eignet sich für jede Art der Zubereitung. Haltbarkeit: gut gekühlt bis zu zwei Jahre.

Muskatkürbis kann bis zu 18 kg schwer werden. Die Schale hat zunächst eine dunkelgrüne Farbe und wird mit zunehmender Reife rotbraun. Das Fruchtfleisch ist dunkel orangefarben und schmeckt leicht nach Muskat. Seine Haltbarkeit: ca. 10 Monate.

Sommerkürbisse erntet man unreif vom Spätfrühling bis zum Herbstbeginn. Sie haben eine weiche Schale, weiche Kerne und ein helles, festes Fruchtfleisch. Sommerkürbisse halten sich verhältnismäßig kurz, nur ca. 2 bis 3 Tage im Kühlschrank. Sie eignen sich nicht zum Einfrieren.

Eiweiß aus Milchprodukten

Als Eiweißquelle bieten sich außer Fleisch und Fisch besonders gut Milchprodukte wie Joghurt, Quark und Käse an. Sie enthalten keine oder kaum Purine und versorgen uns darüber hinaus mit wertvollem Kalzium. Trinken Sie regelmäßig Buttermilch und Kefir und essen Sie zwischendurch anstelle eines Wurstbrotes ein Käsebrot. So versorgen Sie Ihren Körper mit hochwertigem Eiweiß und belasten Ihr Purinkonto nicht.

Milchmixgetränke enthalten, wenn überhaupt, nur wenig Purine (unter 40 mg Harnsäure pro Portionsgröße), aber häufig viel Zucker, deshalb besser selber mixen. Genießen Sie ruhig ein Milchgetränk pro Tag und bevorzugen Sie dabei am besten fettarme Produkte.

Milchprodukte sind für Sie ideal, weil sie keine oder kaum Purine enthalten

Lebensmittel	Portionsgröße	Eiweiß	Fett	kcal
Vollmilch, 3,5 % Fett	200 ml	6,6 g	7,0 g	128
Teilentrahmte Milch, 1,5 % Fett	200 ml	6,8 g	3,0 g	94
Buttermilch	200 ml	7,0 g	1,0 g	70
Buttermilch mit Frucht	200 ml	5,5 g	0,9 g	148
Vollmilch mit Kakao	200 ml	6,7 g	7,2 g	262

Quark ist besonders reich an Eiweiß. Quark wird in allen Fettstufen angeboten, wobei im Handel üblicherweise Magerquark (Magerstufe, unter 10% Fett i. Tr.) sowie Quark mit 20 und 40% Fett i. Tr. (Halbfett- und Fettstufe) erhältlich sind. Quark besteht zu ca. 80% aus Wasser. 100 g Quark mit 50% Fett i. Tr. enthalten daher lediglich 10 g absoluten Fettgehalt.

- Halbfetter Speisequark (10% Fett i. Tr.) hat einen absoluten Fettgehalt von ca. 2,5%.

- Fetter Speisequark (20% Fett i. Tr.) hat einen absoluten Fettgehalt von 5%.

Quark hat große Bedeutung als Backzutat. Bekannt ist die Verwendung als Füllung für Käsekuchen und Topfenstrudel, aber auch als Teigbestandteil eignet er sich sowohl für Spezialbrote als auch für Backwaren. Außerdem dient er als wichtigste Zutat für Quark-Öl-Teig (Seite 130), aus dem sich sowohl süßes als auch herzhaftes Gebäck machen lässt. Quark schmeckt in Kombination mit Früchten, als süßer oder pikanter Auflauf, als Aufstrich mit frischen Kräutern, Leinöl oder als Dip zu Kartoffeln.

Kohlenhydrate aus Reis und Nudeln

Mit Reis und Nudeln lassen sich viele leckere vegetarische Gerichte zaubern. Reis und Nudeln sind von Natur aus purinarm, sättigen gut und sind in Kombination mit frischem Gemüse eine gesunde und vollwertige warme Mahlzeit. Insbesondere bei Reis können Sie auf viele verschiedene Sorten zurückgreifen – je nachdem, was Sie zubereiten möchten, eignet sich eine Sorte besser als eine andere. Langkorn- oder Patnareis (auch als Naturreis erhältlich) eignet sich als Suppeneinlage, Beilage und als Hauptgericht gemischt mit Gemüse, Fleisch oder Fisch. Rundkornreis hat kleine, runde Körner, die beim Kochen Stärke abgeben und dadurch eine schön sämige Konsistenz erreichen. Deshalb bevorzugt man diese Sorten für Risotto oder Milchreis. Basmati- oder Duftreis zählt zu den edelsten Sorten Asiens. Es handelt sich um eine Langkornsorte, die beim Garen einen wunderbaren Duft entfaltet und besonders aromatisch schmeckt. Parboiled-Reis ist an sich keine Reissorte, sondern sie wird mit Dampfdruck behandelt und hat dadurch eine wesentlich kürzere Garzeit – Vitamine und Mineralstoffe bleiben trotz des Schälens erhalten. Wildreis ist kein Getreide, sondern eine Grasart mit einem leicht nussigen Aroma.

Grundrezept gedämpfter Reis

400 ml Brühe oder Wasser zum Kochen bringen, 200 g Reis dazugeben und etwa 15 – 20 Min. köcheln lassen. Variante: Zum Verfeinern eignen sich Kräuter und Gewürze wie z. B. Curry, Safran, Dillspitzen, Minze, Petersilie oder Schnittlauch. Mit Tomatenmark schmeckt der Reis schön fruchtig und bekommt eine hübsche Farbe.

Nährwerte geschälter Reis pro Portion:
175 kcal • 3 g E • weniger als 1 g F • 39 g KH • 1 g Ba/38 mg Harnsäure

Nährwerte Naturreis pro Portion:
175 kcal • 4 g E • 1 g F • 37 g KH • 1 g Ba • 53 mg Harnsäure

Pasta erfreut das Herz

Spaghetti, Penne, Bandnudeln, Cannelloni, Makkaroni oder Lasagne, Ravioli und Tortellini – ob vegetarische, asiatische oder italienische Nudelrezepte, kombinieren Sie Pasta immer mit reichlich purinarmen Gemüsesorten und gelegentlich auch mit Fleisch und Fisch. Lassen Sie sich inspirieren!

Bevorzugen Sie Hartweizengrieß-nudeln oder Vollkornteigwaren. Als Beilage berechnet man pro Person etwa 60 g (Trockenware). Pro 100 g Nudeln etwa 1 l Wasser in einem großen Topf erhitzen und die Nudeln in das sprudelnd kochende Wasser geben. Gut umrühren und bei mittlerer Hitze weitergaren. Die fertig gegarten Nudeln in ein Sieb geben und gut abtropfen lassen. Die Garzeit liegt zwischen 3 und 12 Min. – je nach Sorte. 3 – 7 Min. für dünne Nudeln wie Fadennudeln, Sternchen etc. und Bandnudeln. 8 – 12 Min. benötigen dickere Nudeln wie Spaghetti, Makkaroni etc.

Handelsübliche Nudeln aus Hartweizengrieß liefern reichlich Kohlenhydrate, aber nur wenig Ballaststoffe. In Vollkornteigwaren stecken mehr gesunde Ballaststoffe – daher sollten Sie öfter zu der nussig schmeckenden Vollkornvariante greifen. Kombinieren Sie Nudeln immer mit reichlich Gemüse und Salat.

Nährwerte Hartweizennudeln pro Portion:
209 kcal • 7,5 g E • 0,7 g F • 42 g KH • 3 g Ba • 36 mg Harnsäure

Nährwerte Vollkornnudeln pro Portion:
194 kcal • 8 g E • 1,5 g F • 36 g KH • 7 g Ba • 48 mg Harnsäure

Getreidebeilagen mit Pfiff

Aus den heimischen Getreidearten wie Weizen, Dinkel, Roggen, Hafer oder Gerste können viele schmackhafte Gerichte zubereitet werden. Das ganze Getreidekorn eignet sich, genauso wie Reis, auch sehr gut als Beilage. Der Nachteil von Getreide ist die teilweise relativ lange Einweich- und Garzeit.

Beim Kochen von Getreide, vor allem von Weizen und Roggen, empfiehlt es sich, die Körner vorher 8 – 10 Stunden einzuweichen. Die Getreidekörner werden dann mit etwa der doppelten Menge Wasser kurz aufgekocht und anschließend im verschlossenen Topf bei nur geringer Hitzezufuhr gegart. Die Garzeit ist je nach Getreidesorte unterschiedlich. Probieren Sie doch einmal unser Rezept Getreideeintopf (Seite 82) aus!

Wie Sie ganze Getreidekörner zubereiten

Die Getreidekörner werden gewaschen und in einen Topf mit Wasser gegeben, über Nacht quellen lassen. Am nächsten Tag werden die Körner in frischem Wasser oder einer selbst hergestellten Gemüsebrühe aufgekocht, entsprechend gewürzt und bei kleinster Hitze im geschlossenen Topf gekocht. Zum Nachquellen die Körner auf der ausgeschalteten Herdplatte stehen und quellen lassen. Die Flüssigkeitsmenge muss individuell angepasst werden. Für diese Getreidesorten eignen sich die folgenden Gewürze:

Einweich- und Garzeit von Getreidesorten

Getreidesorte	Verhältnis Getreide zu Wasser	Kochzeit	Einweichzeit	Nachquellzeit
Dinkel	1 : 2	15 – 20 Min.	8 – 10 Stunden	30 Min.
Weizen	1 : 2,5	1 Stunde	10 Stunden	1 Stunde
Hafer	1 : 1,5 – 1,8	20 – 30 Min.	–	30 Min.
Hirse	1 : 2,5	5 – 10 Min.	–	20 Min.
Buchweizen	1 : 1,5	15 – 20 Min.	–	10 – 20 Min.

Dinkel: Basilikum, Koriander, Rosmarin

Weizen: Basilikum, Koriander, Majoran, Rosmarin

Hafer: Fenchel, Koriander, Kümmel, Thymian

Hirse: Basilikum, Dill, Fenchel, Ingwer

Buchweizen: Majoran, Salbei

Übergewicht loswerden

Übergewicht erhöht das Gichtrisiko. Wenn Sie ein paar Kilos zu viel auf die Waage bringen, reduzieren Sie das Gewicht langsam, dann sinkt auch der Harnsäurespiegel im Blut ab. Vorsicht: Strenges Fasten, also Kuren, bei denen nur getrunken wird, oder Nulldiäten sind für Gichtpatienten tabu. Zum einen, weil man dabei in erster Linie Wasser und Muskelmasse verliert. Der andere, viel wichtigere Grund hat allerdings mit der Harnsäure zu tun: Totales Fasten hemmt die Harnsäureausscheidung. Fasten und kohlenhydratarme Diäten – weniger als 50 g Kohlenhydrate am Tag – führen zur Ketonkörperbildung. Ketonkörper hemmen die Harnsäureausscheidung und erhöhen die Harnsäurekonzentrationen im Blut, die dann einen Gichtanfall auslösen können. Um Gewicht zu reduzieren, sollten Sie insgesamt nicht mehr als 300 – 500 kcal pro Tag reduzieren und den Verbrauch, also die Bewegung, steigern.

- Beim Abnehmen ist es sehr wichtig, ausreichend zu trinken (mindestens 2 Liter pro Tag), damit die vermehrt anfallende Harnsäure schnell über die Nieren ausgeschieden wird. Am besten sind ungesüßter Tee, Mineralwasser oder andere kalorienarme Getränke.
- Essen Sie Vollkornprodukte: Es liefert viele Mineral- und Ballaststoffe und senkt den Cholesterinspiegel.
- Essen Sie sich zu den Mahlzeiten satt – mit viel Gemüse, Salat und Beilagen und weniger Fleisch oder Fisch.
- Achten Sie besonders auf die Fette, auch auf die versteckten in Kuchen, Keksen, Käse und Fleischwaren.
- Diszipliniert essen ist gut, aber sich zu kasteien bringt nichts: Erlauben Sie sich ab und zu als Belohnung etwas Süßes oder Gerichte, die Sie besonders gern mögen.
- Bewegen Sie sich regelmäßig: 30 – 60 Min. strammes Spazierengehen pro Tag reichen schon aus.
- Überlegen Sie, wie Sie Ihr Leben bereichern können, und suchen Sie sich ein neues Hobby (Wandern, Radfahren, Schwimmen, Musizieren, Malen, Tanzen etc.). Wichtig ist es, etwas zu finden, was Ihnen Spaß macht.

Fett sparen

Eine sehr hohe Fettzufuhr begünstigt die Entstehung der sogenannten Ketonkörper, die die Ausscheidung der Harnsäure über die Niere hemmen und fördert die Entstehung von Übergewicht. Die tägliche Kost sollte daher nicht mehr als 30–35 % der Energie in Form von Fett enthalten. Es ist wichtig, dass Sie das eingesparte Fett nicht durch die Zufuhr von Kohlenhydraten wie Zucker und weißes Mehl kompensieren, sondern mit Lebensmitteln mit hohem Ballaststoffgehalt ausgleichen. Die gesundheitliche Bedeutung eines Fettes wird jeweils durch den Gehalt an gesättigten, einfach und mehrfach ungesättigten Fettsäuren bestimmt. Die verzehrten Fette sollten in etwa zu je einem Drittel aus gesättigten Fettsäuren, einfach ungesättigten und mehrfach ungesättigten Fettsäuren bestehen.

Gesättigte Fettsäuren sollten nicht mehr als 10 % der Gesamtenergiezufuhr ausmachen. Bevorzugen Sie deshalb fettarme tierische Produkte und fettarme Garmethoden. Hauptquellen für gesättigte Fettsäuren:

- fetthaltige Milchprodukte, z. B. Butter, Sahne, fette Käsesorten
- fette Fleisch- und Wurstwaren
- tierisches Fett wie z. B. Schweineschmalz
- pflanzliche Fette wie z. B. Kokosfett
- fettreiche Snacks, Backwaren, Süßigkeiten

Fettarm kochen – Qualität vor Quantität

Falls Sie bislang Kokosfett (Palmin) oder Butter zum Braten benutzen, sollten Sie langfristig auf ein hochwertiges Pflanzenöl umsteigen. Raps- oder Olivenöl liefern viele gute Fettsäuren, die so hochwertig sind, dass sie in unserem Körper günstig wirken. Wer regelmäßig Kuchen aus Rühr- oder Mürbteig backt, sollte langfristig auf Obstkuchen mit Hefeteig oder Biskuitboden umsteigen, denn hier versteckt sich nicht viel Fett und der Kuchen schmeckt obendrein leichter. Freunde von Salami und Streichwurst sollten längerfristig auf fettarme Wurstsorten wie gekochten Schinken oder Corned Beef umsteigen. Gerade luftgetrocknete Hartwürste, Tee-, Mett- und Leberwurst liefern extrem viel Fett.

Streichfett: Bevorzugen Sie hochwertige Pflanzenmargarine. Genießen Sie ab und zu Butter auf Brot und Brötchen. Quark unter Ihrer Lieblingsmarmelade schmeckt übrigens auch lecker.

Fett zum Kochen oder Braten: Greifen Sie zu pflanzlichen Ölen, denn sie enthalten vorwiegend einfach und mehrfach ungesättigte Fettsäuren. Im Supermarkt oder Bioladen gibt es eine Vielzahl hochwertiger Pflanzenöle zu kaufen, die Sie ganz nach Ihrem Geschmack verwenden können. In erster Linie Rapsöl, Sojaöl, Walnussöl und Olivenöl.

Verstecktes Fett: Fett in Wurstwaren wie z. B. in Leber- oder Teewurst, in Käse oder auch in Plätzchen oder Kuchen übersieht man gerne, dabei liefern diese Produkte zum Teil große Mengen nicht besonders hochwertigen Fetts und damit Energie.

Fett in Eiweißlieferanten: Mit fettarmen Milchprodukten sind Sie auf der sicheren Seite. In ihnen stecken kaum Purine, und sie sind deshalb auch für eine streng purinarme Ernährung geeignet. Verwenden Sie fettarme Fleisch-, Wurst- und Käsesorten.

Kräuter und Gewürze

Die mediterrane Küche ist deswegen so schmackhaft, weil zum Kochen reichlich Kräuter und Gewürze eingesetzt werden. Und das Beste daran ist, dass sie nicht nur gut schmeckt, sondern oft auch gesunde Vitamine und Mineralstoffe liefert. Gleichzeitig können Sie so Ihren Salzverbrauch und auch Ihren Fettverbrauch (der den Geschmack der Speisen verstärkt, was nun die Kräuter übernehmen) senken.

Frische Kräuter erhalten Sie auf Wochenmärkten oder in Gemüseläden, sofern sie nicht ohnehin schon in

Mit den richtigen Kochmethoden schonend zubereiten.

Zubereitung	So geht's
Brat-Klarsichtfolien	Ermöglichen, Lebensmittel ausschließlich im eigenen Saft zu garen (bei Bedarf ca. 1 EL Wasser dazugeben). Sie eignen sich für die Zubereitung von Fisch und Fleisch im Backrohr.
Bratpapier	Bratpapier ist ein modernes Material, mit dem alles wie bisher in der Pfanne gebraten werden kann, nur ohne Fett.
Backpapier	Backbleche und Kuchenformen einfach mit Backpapier auslegen: Plätzchen lösen sich leicht und problemlos – auch ohne Fett.
Silikon-Backformen bzw. -Unterlagen	Kein lästiges Einfetten mehr und im Gegensatz zu Backpapier mehrmals zu verwenden.
Alufolie	In Alufolie eingeschlagen, können Fleisch, Fisch, Gemüse und Kartoffeln im Backrohr, auf dem Grill oder auf dem Herd in der Pfanne bzw. im Topf mit etwas Wasser gegart werden.
Römertopf	Alles gart in einem Topf, im eigenen Saft. Der Tontopf wird erst gewässert und dann in den kalten Backofen gestellt. Es eignen sich besonders Fleisch und Fisch, aber auch Gemüse und Kartoffeln.
Beschichtete Pfannen und Töpfe	Das Garen darin ist problemlos (besonders bei Fisch, der leicht zerfällt) – auch ohne Fett.
Grillen	Ohne oder mit sehr wenig Fett können vor allem Gerichte aus Fleisch, Fisch und Geflügel sowie Gemüse leicht zubereitet werden. Es muss nicht immer Kohle sein – ein Elektrogrill ist schneller aufgebaut und leichter zu reinigen.
Dampfgarer	Schonend dämpfen ohne Fett – Dampfgarer sind *der* Trend. Dampfgarer gibt es als Standgerät oder auch direkt in die Einbauküche integriert.
Dampfdrucktopf	Ob mit oder ohne Fett – die Garzeit ist bedeutend kürzer als bei herkömmlichen Brätern.

Achtung: Kochen senkt den Puringehalt, weil Purine in das Kochwasser übergehen. Das Kochwasser sollte deshalb, wenn möglich, weggegossen werden. Beim Braten von Fleisch verändert sich der Puringehalt nicht.

Ihrem Garten oder auf dem Balkon wachsen. Gut sortierte, große Supermärkte bieten mittlerweile in der Nähe von Obst und Gemüse auch frische Kräuter an: Rosmarinzweige, frischen Thymian, Koriandergrün und Minze. Und wenn die Zeit für den Einkauf nicht ausreicht oder Sie nur kleine Mengen benötigen, greifen Sie einfach zu einer tollen Alternative: Tiefkühlkräuter. Tiefgekühlte Kräuter gibt es in verschiedenen Mischungen zu kaufen. Legen Sie sich am besten einen kleinen Vorrat davon zu Hause im Tiefkühlfach zu – so haben Sie immer frische Kräuter zur Hand. Auf getrocknete Kräuter können Sie selbstverständlich auch zurückgreifen: Wichtig ist nur, sie kühl, dunkel und trocken zu lagern.

Durch Einfrieren können Sie Kräuter haltbar machen. Dazu werden die gehackten Kräuter mit etwas Wasser zu Eiswürfeln eingefroren. Bei Bedarf tauen Sie die Eiswürfel auf.

Kräutern statt salzen

Name	so schmeckt's	verwendete Teile	das passt dazu
Anis	süßlich, würzig	Samen, ganz oder gemahlen	Gebäck, Brot, Süßspeisen, Kompott, Rotkohl, Karotten, Kürbis
Basilikum	süßlich, frisch, pfeffrig	Blätter, frisch oder getrocknet (sparsam dosieren)	Salate, Auberginen, Bohnen, Tomaten, Zucchini, Fleisch- und Fischgerichte, Suppen und Saucen
Bohnenkraut	pfeffrig, herb	Stängel und Blätter, frisch oder gerebelt	Bohnengerichte, Kartoffel- und Gemüsesuppen, Fleisch- und Fischgerichte, Essiggurken
Borretsch	frisch, gurkenähnlich	Blätter, frisch	Kräutersaucen, Kräuterquark, Salate, Gurkensalat, Schmorgurken
Brunnenkresse	meerrettichähnlich	Blätter, frisch, und zarte Stängel	Salate, helle Gemüsesuppen, Eierspeisen
Curcuma	scharf, leicht herb, säuerlich, dem Ingwer ähnlich, nicht so aromatisch	getrocknete und gemahlene Wurzelteile	weiße Saucen, Geflügelragout, Rührei, Eierspeisen, Reisgerichte
Currypulver	süßlich, scharf, würzig	Pulver aus bis zu 30 Gewürzen	Reisgerichte, Geflügel, Kalb, Fisch, Eierspeisen, Salatsauce für pikante Salate
Dill	frisch, süßlich würzig	Blätter, frisch, tiefgekühlt, getrocknet, Samen (kümmelähnlich)	Salate, Suppen, Saucen, Fischgerichte, Eierspeisen, zum Einlegen von Gurken
Essig	sauer, fruchtig	Flüssigkeit, weiß bis rötlich braun	für Salatsaucen, zum Marinieren, zum Konservieren
Estragon	aromatisch	Blätter, frisch (sparsam dosieren)	Suppen, Geflügel, Fisch, Salate, Kräutersaucen, Hülsenfrüchte, Kohl, Eierspeisen
Ingwer	scharf, würzig	Wurzel, frisch oder als Pulver	Fleisch- und Fischgerichte, pikante Salate, Obstsalate, Reisgerichte, pikant oder süß
Kapern	herb-würzig, leicht scharf	Blütenknospen, eingelegt	Fleisch- und Fischgerichte, Eierspeisen, pikante Salate, säuerliche weiße Saucen
Kardamom	herb-würzig, mit leichter Schärfe	Samen, meist gemahlen	Gebäck, Kuchen, Obstsalat, exotische Gerichte
Kerbel	ähnlich wie Petersilie	Blätter (nicht kochen), frisch oder gerebelt	Kräutersauce, Suppen, Saucen, Salate, Fische, Kräuterbutter
Knoblauch	süßlich, leicht schwefelig	Zehen, frisch oder als Pulver	Fleischgerichte, Fischgerichte, Suppen, Saucen, Spinat, Tomaten, Kräuterquark
Lorbeer	würzig, bitter	Blätter (vorsichtig dosieren), frisch und getrocknet	Fleischgerichte, Fischgerichte, Beizen, Saucen, Gemüsebrühe

Name	so schmeckt's	verwendete Teile	das passt dazu
Majoran	kräftig, minzig	Blätter, frisch und getrocknet	Kartoffelgerichte, Fischgerichte, Saucen, Suppen
Muskatnuss	süßlich-bitter, scharf	Nuss, getrocknet	Gemüse, Eierspeisen, Kartoffelpüree
Nelke	brennend, würzig, intensiv	Blütenknospen, getrocknet	gespickte Zwiebel (mit Lorbeer), Gemüsebrühe, Fleischgerichte, Rotkohl, Beizen, Marinade für süßsauer eingelegte Gemüse und Früchte, Gebäck
Oregano	leicht scharf, pikant	Blätter, frisch und getrocknet	Pizza, Tomatengerichte, Aubergine, Zucchini, Paprika, Fleischgerichte
Paprikapulver	warm, voll, fruchtig, scharf je nach Sorte	Schoten, Pulver	Fleischgerichte, Saucen, Suppen, Tomatengemüse, Quarkzubereitungen
Petersilie	süßlich-würzig, leicht scharf	Blätter, Wurzel, frisch (tiefgekühlt), getrocknet	Salate, Kartoffelgerichte, Gemüse, Saucen, Quarkzubereitungen, Fischgerichte, Suppen
Pfeffer	brennend-würzig, scharf	Körner, ganz, gemahlen	Fleischgerichte, Fischgerichte, Saucen, Suppen, Eintöpfe
Rosmarin	harzig, bitter-würzig, intensiv	Nadeln, frisch und getrocknet	Fleischgerichte, Fischgerichte, Auberginen, Tomate, Zucchini
Salbei	streng, würzig-bitter	Blätter, frisch und getrocknet	Fleischgerichte, Fischgerichte, Gemüsegerichte, Saucen
Selleriekraut	süßlich, scharf, würzig	Blätter, frisch, sparsam	Suppen, Eintöpfe, Gemüse
Schnittlauch	scharf, würzig	Blattröhren, frisch oder tiefgekühlt	Kräuterquark, Kräuterbutter, Eierspeisen, gebundene helle Saucen und Suppen, Eintöpfe, Salate, Brotbelag
Thymian	würzig-scharf	Blätter, frisch, getrocknet, gerebelt	Suppen, Saucen, Salate, Eintöpfe, Fleisch, Geflügel, Kartoffelgerichte
Wacholder	bitter-harzig	Beeren, getrocknet	Fischsud, Beizen, Wildgerichte, Rote Bete, Sauerkraut
Worcestersauce	scharf	Würzsauce aus Sojabohnen, Zwiebeln, Limonen, Tamarindensaft etc.	dunkle Suppen, Saucen, pikante Salate
Zimt	kräftig, würzig	Stangen, gemahlen	Kompotte, Gebäck, Milchspeisen, Geflügel
Zitrone	frisch, fruchtig	Zitronenschale, Zitronensaft	Süßspeisen, Kompotte, Fleischgerichte, Getränke, Obstspeisen, Salate, Saucen, Fisch

Wer nicht fragt ...

Antworten auf häufige Fragen

Ist Kakao unbedenklich und darf ich weiterhin Schokolade essen?

» Früher wurde bei Gicht in der Regel Kakao verboten. Heute ist bekannt, dass Kakao zwar Purine enthält, sie im Körper jedoch nicht zu Harnsäure abgebaut werden und somit auch die Harnsäurekonzentration nicht belasten. Schokolade ist ein Genussmittel und als solches auch zu beurteilen. Essen Sie kleine Mengen in guter Qualität und genießen Sie die Schokolade dafür richtig.

Darf ich Kaffee und Tee trinken?

» Ja, Kaffee und Tee dürfen Sie trinken. Die in Kaffee und Tee enthaltenen Metyl-Purine werden nicht zu Harnsäure abgebaut.

Ist Rotwein besser als Weißwein?

» Hier entscheidet allein der Alkoholgehalt. Also, die Dosis macht das »Gift«. Wein enthält keine Purine, aber Alkohol hemmt die Harnsäureausscheidung.

Sind alle Fruchtsäfte ungünstig?

» Die Harnsäurekonzentration erhöhen alle Getränke, die Fruktose enthalten – dies betrifft sowohl Fruchtsäfte als auch sämtliche Limonaden, die freie Fruktose bzw. Saccharose als Süßungsmittel enthalten.

Was kann ich zum Süßen verwenden?

» Fruktose (Fruchtzucker) gar nicht, Sorbit und Xylit in größeren Mengen ist auch schlecht. Rohr- und Rübenzucker (Saccharose) in kleinen Mengen. Denn Saccharose besteht aus einem Teil Traubenzucker und einem Teil Fruchtzucker. Fruchtzucker (Fruktose) bewirkt eine vermehrte Bildung von Harnsäure, Glukose (Traubenzucker) hat keinen Einfluss. Sie können auch Süßstoff verwenden, wenn Sie gleichzeitig Energie einsparen wollen.

Ich gehe jedes Jahr zum Heilfasten, geht das noch?

» Fasten und kohlenhydratarme Diäten – weniger als 50 g Kohlenhydrate am Tag – führen zur Ketonkörperbildung. Ketonkörper hemmen die Harnsäureausscheidung und erhöhen die Harnsäurekonzentrationen im Blut, die dann einen Gichtanfall auslösen können.

Weitere Antworten finden Sie unter:
www.ak-dida.de
www.daab.de

Welches Fett ist günstiger: tierisches oder pflanzliches Fett?

» Zunächst einmal haben pflanzliche und tierische Fette keinen unterschiedlichen Einfluss auf die Harnsäureproduktion. Die zugeführte Menge Fett soll beim Gichtpatienten bei ca. 30 – 35 % der Gesamtenergie liegen, also genauso wie bei gesunden Menschen. Eine sehr hohe Fettzufuhr begünstigt die Entstehung der sogenannten Ketonkörper, die die Ausscheidung der Harnsäure über die Niere hemmen. Die Art des Fettes ist in diesem Fall jedoch nicht von Bedeutung. Im Rahmen einer gesunden Ernährung empfiehlt es sich jedoch, den Anteil tierischer Fette zugunsten von pflanzlichen Ölen zu reduzieren.

Viele haben erhöhte Harnsäure ohne Gichtanfall, warum?

» Ein Gichtanfall wird ausgelöst, wenn durch einen raschen Anstieg der Harnsäurekonzentration im Plasma (z. B. nach Diätfehler und/oder erhöhtem Alkoholkonsum) Harnsäurekristalle ausfallen und eine Entzündung verursachen. Wenn die Konzentration von Harnsäure langsam ansteigt, bleibt diese auch bei höheren Konzentrationen noch in Lösung dank anderer Lösungsvermittler im Plasma. Ein rascher Anstieg der Harnsäurekonzentration überfordert dieses labile Gleichgewicht.

Vermehrter Konsum von Milchprodukten senkt die Gichthäufigkeit, stimmt das?

» Hauptverantwortlich dürften Milchproteine wie Casein und Lactalbumin sein, die urikosurisch wirken sollen. Zudem haben gewisse Milchbestandteile antiinflammatorische Eigenschaften, was die Schubhäufigkeit senken könnte. Es stimmt, dass Milchprodukte die Gichtinzidenz senken, vor allem aber wegen ihres geringen Puringehalts! Die anderen Faktoren sind in der Diskussion, aber noch nicht allgemein anerkannt.

Häufig wird in Nährwerttabellen der Puringehalt angegeben. Wie kann ich die Harnsäure berechnen?

» Um auf den Harnsäuregehalt zu kommen, multipliziert man den Puringehalt mit dem Faktor 3. 100 g Spinat liefern 23 mg Purine. 23 × 3 = ca. 69 mg Harnsäure. Es ist jedoch sinnvoller, den Gesamtpuringehalt in Portionsgrößen darzustellen als den Puringehalt in 100 g Lebensmittel miteinander zu vergleichen. Beispielsweise liefern 100 g Fleisch 150 mg Harnsäure und 250 g Spinat 125 mg Harnsäure.

Richtig kochen: So schmeckt die Umstellung

Fleisch

Anstatt üppige Braten und große Fleisch- und Fischportionen bereiten Sie Fleisch als Ragout oder Geschnetzeltes zu. So fällt Ihnen gar nicht auf, dass Sie weniger Fleisch auf dem Teller haben. Hervorragend eignen sich Schmorgerichte, bei denen alles aus einem Topf kommt, das Fleisch in kleineren Stücken gegart wird und es gar nicht auffällt, dass Sie mengenmäßig eher weniger Fleisch auf dem Teller haben. Motto: viel Gemüse, wenig Fleisch. Beispiel: Eine Hackfleischsauce aus Fleisch und mit zwei Dritteln Tomaten, Karotten, Sellerie, Lauch, Zucchini zubereiten. Überlegen Sie schon morgens, was Sie essen wollen.

Vorsicht, Brühe. Fleischsuppen, Bratensäfte, Fleischbrühwürfel und die meisten Fertigsuppen und Fertiggerichte sowie Fischkonserven und Innereien enthalten zu viel Purine. Verwenden Sie anstatt Rinderbrühe hefefreie Gemüsebrühe (Seite 34) zum Würzen. Sie ist im Gegensatz zu normaler Fleischbrühe frei von Purinen. Oder Sie kochen alternativ Ihre Gemüsebrühe (Seite 114) selbst und frieren Sie auf Vorrat in Eiswürfelbehältern ein.

Vegetarisch oder teilzeitvegetarisch kochen

Lassen Sie sich ruhig auch mal von der vegetarischen Küche inspirieren. Hier stehen knackiges Gemüse, gehaltvolles Getreide, frische Kräuter und aromatische Gewürze im Vordergrund und diese Gerichte lassen sich auch mit kleinen Portionen Fleisch oder Fisch zubereiten. So ergänzen Sie beispielsweise einen griechischen Salat mit zarten Putenstreifen, Gemüse-Tagliatelle mit Schweinemedaillons oder Curryreis mit Hühnchen.

Schmoren

Eine Tajine ist ein traditionelles Kochgefäß der Berber aus Nordafrika. Das Gericht heißt so wie das Kochgeschirr, in dem es zubereitet wird: nämlich Tajine – ein Eintopf aus Fleisch und Gemüse, der sehr langsam gekocht wird. Die traditionelle Tajine ist aus schwerem Ton oder Terrakotta. Das

Unterteil ist flach, breit und rund, der Deckel ist kegelförmig und so konstruiert, dass er Dampf und Geschmack einschließt. Der aufsteigende Dampf kondensiert, tropft zurück und gewährt ein schonendes Kochen mit wenig Flüssigkeit – und immer überwiegt der Gemüseanteil in einem Tajine-Gericht (Seite 94)! Sie können anstelle der Tajine problemlos einen gusseisernen Topf mit Deckel verwenden.

Richtig grillen

Wer liebt sie nicht, Grillabende im Sommer? Auch hier sollten die Fleisch- oder Fischportionen etwas kleiner ausfallen. Zum Grillen von Hähnchen oder Pute sollten Sie die Haut entfernen, somit ist das Grillgut purinärmer. So geht's: Die Haut vom Fleisch sanft lösen und mithilfe eines scharfen Messers abziehen. Marinieren Sie die Hähnchen- oder Putenteile und lassen Sie sie im Kühlschrank einige Stunden ziehen. Probieren Sie mal die leckeren Hähnchenspieße mit Kokosdip (Seite 92). Möchten Sie Fisch grillen, bevorzugen Sie Fisch mit festerem Fleisch, z. B. Rotbarsch, Kabeljau und Skrei (Winterkabeljau), Dorsch, Seelachs oder Seeteufel. Kombinieren Sie Fleisch und Fisch mit Beilagen, reichlich Gemüse und Salat. Mariniertes Gemüse, Schafskäse und eine gebackene Folienkartoffel (Seite 84) senken das Risiko eines Gichtanfalls.

Fisch zubereiten

In der gesunden Ernährung empfiehlt man mindestens 1–2 Fischmahlzeiten in der Woche, das gilt auch für Sie. Die Portionsgröße liegt bei ca. 150 g. Bei kaum einem anderen Lebensmittel ist die Frische so wichtig wie bei Fisch. Doch woran erkennt man frischen Fisch? Frischer Fisch hat rote Kiemen, klare Augen, eine straffe Haut und keine Druckstellen. Bei zerteiltem Fisch sind die Schnittflächen weiß, saftig und fest. Es muss allerdings nicht immer Frischfisch sein. Das Angebot von Tiefkühlfisch ist mittlerweile so reichhaltig, dass sich hier eine echte Alternative bietet. Bevorzugen Sie fortan fettarme Garmethoden: bei milder Hitze und in kurzer Zeit. Die Garzeit beträgt bei ganzen Fischen 10 Min. pro Seite und bei Filets 5–8 Min. pro Seite.

Folgende Zubereitungsarten eignen sich sehr gut:

- Dämpfen; siehe Rezept Zanderfilet auf Paprikasauce (Seite 86)
- Dünsten im Gemüsebett; siehe Rezept Scholle auf Gemüsebouquet (Seite 88)
- Backen in Alufolie sowohl im Backofen als auch auf dem Grill; siehe Rezept Ofenkartoffeln mit Sourcream (Seite 84)
- Grillen im Backofen oder mit Grillvorrichtungen

Heute bleibt die Küche kalt...

Unterwegs essen

Im Büro

Wer sicherstellen möchte, dass garantiert die richtigen Köstlichkeiten auf dem Teller landen, bereitet sich sein Essen am Vorabend oder morgens einfach selbst zu. Falls Sie eine Kühltasche mitnehmen können, eignen sich auch Salate aus z. B. Bulgur, Hirse, Nudeln oder Reis. Packen Sie Ihre Mahlzeit am besten in eine gut verschließbare Plastikdose, so lässt sich das Essen gut transportieren. Wer die Möglichkeit hat, sein Essen wieder zu erwärmen – beispielsweise in der Mikrowelle im Büro –, greift zu Gerichten wie Ratatouille (Seite 83) mit Nudeln oder einem Getreideeintopf (Seite 82).

Für zwischendurch

Wer immer eine Ration Obst oder Nüsse dabeihat, kann so den kleinen Hunger zwischendurch stillen. Als Zwischenmahlzeit eignet sich eine leichte Quarkspeise, die superschnell herzustellen ist: Für einen Fruchtquark einfach eine Portion Quark mit einer Handvoll Beerenmischung in den Mixer geben und so lange in Pulsen einschalten, bis es eine cremige Masse geworden ist. Nach Belieben einfach mit etwas Zucker abschmecken.

Im Restaurant

Wenn Sie Fleisch oder Fisch bestellen, wählen Sie gegrilltes oder gebackenes Hühnchen ohne Haut oder auch gekochten Fisch. Bei Pizza lohnt es sich, vegetarische Varianten ohne fette Salami zu bestellen. Stattdessen kommt die Veggie-Pizza mit gegrilltem Gemüse, Knoblauch und frischem Oregano auf den Tisch. Italienische Restaurants bieten auch meist sehr schöne Gemüsegerichte an – zumindest als Vorspeise. Insbesondere beim Asiaten fallen die Fleischportionen kleiner aus, was Ihnen Ihr Harnsäurekonto danken wird. Greifen Sie beim Chinesen, Vietnamesen oder Thai am besten zu pfannengerührten Speisen, denn die sind purinarm, leicht und machen trotzdem satt.

Der perfekte Picknickkorb

Gemüse lässt sich zu Hause leicht zubereiten und als Snack für zwischendurch mitnehmen: einfach Gurke, Karotte und/oder Paprika waschen und in Stücke schneiden und ab damit in die Frischhaltedose. Halten Sie ungesüßte Getränke bereit und trinken Sie regelmäßig, vor allem Wasser, kalte Tees oder stark verdünnte Fruchtsaftschorlen: 1,5 – 2 Liter pro Tag.

Eine Liste mit Lebensmitteln und Speisen, die Sie unkompliziert mitnehmen können und die auch für die Verpflegung im Büro gut geeignet sind:

- belegte Schnittchen mit Käse oder pikantem Avocadoaufstrich (Seite 48)
- pikanter Emmentaler Käsesalat (Seite 61) oder Kohlrabi-Karotten-Salat (Seite 60)
- Liptauer Käse (Seite 64)
- fettarme Milchprodukte wie Buttermilch und Joghurt, Joghurt- und Quarkspeisen mit Früchten

Ernährungs-Navi: Hier geht's lang

Geeignete und weniger geeignete Lebensmittel

	geeignete Lebensmittel	in kleinen Mengen genießen	eher nicht geeignet
Milchprodukte	fettarme Milch Buttermilch fettarme Dickmilch fettarmer Joghurt Kefir Magerquark, saure Sahne Käse bis ‹ 40 % Fett i. Tr.	Milch, Joghurt 3,5 % Fett, Kefir, Dickmilch › 3,5 % Fett Sahnequark, Sahne, Crème fraîche, Schmand Kondensmilch, 10 % Fett Käse › 40 % Fett i. Tr. mit Zucker gesüßte Milchprodukte	Schmelzkäse mit Phosphat
Eier		Eier	Eierspeisen mit viel Fett
Obst und Gemüse	Gemüse und Obst, frisch oder tiefgekühlt Sauerkonserven milchsauer eingelegtes Gemüse alle frischen Kräuter und Gewürze hefefreie Gemüsebrühe	Steinpilze, Champignons Rosenkohl Obst- und Gemüsekonserven Fruchtsäfte Nüsse, Trockenfrüchte, Sonnen- blumenkerne, Sesamsaat Sojadrink, Tofu, Tofuaufstrich ohne Hefe	Hülsenfrüchte Sojaerzeugnisse wie z. B. Sojabratlinge Mohn Würzmischungen mit Hefe
Getreideprodukte	alle Getreide- und Brotsorten (bevorzugt aus Vollkorn) ungesüßte Müslis	Buchweizen gesüßte Müslis	Croissants Fettgebackenes Salzstangen
Kartoffeln	Kartoffeln, alle fettarmen Zubereitungen		Chips Pommes frites
Fisch		alle Fischsorten ohne Haut	Fisch mit Haut Sardellen, Hering, Anchovis Schalentiere, Krustentiere Ölsardinen, Fischkonserven

	geeignete Lebensmittel	in kleinen Mengen genießen	eher nicht geeignet
Fleisch		alle fettarmen Fleisch- und Wurstsorten Schinken, kalter Braten, Corned Beef Hähnchenbrust, Pute Rehkeule	fettes Fleisch und fette Wurst Innereien Haut, Schwarte, Krusten Fleischextrakte, -bouillon
Fette	kalt gepresstes Pflanzenöl, Olivenöl, Rapsöl, Walnussöl, Sonnenblumenöl, Maiskeimöl und daraus hergestellte Margarine Kürbiskernöl, Leinöl, Butter		gehärtete Back- und Bratfette, tierisches Schmalz, Speck Kokosfett, Palmkernfett Mayonnaise
Kuchen, Gebäck und Süßes		Gebäck, z. B. aus fettarmen Teigen hergestellt: Quark-Öl-Teig (Seite 130), Hefeteig, Strudelteig (Seite 135), Biskuitteig Zucker, Marmelade, Honig Geleefrüchte, Schokolade Fruchteis	frittiertes Gebäck Cremetorten, Sahnetorten Blätterteig Nuss-Nougat-Creme Marzipan Cremespeisen größere Mengen Süßigkeiten und Zucker
Getränke	Wasser, Mineralwasser Kräutertee, Früchtetee, grüner Tee naturreine Gemüsesäfte	Kaffee, Schwarztee Wein, Sekt, Bier Schnaps, Likör Fruchtsäfte	mit Fruktose bzw. Fruktosesirup gesüßte Getränke und Limonaden

Leckerbissen:

Meine besonderen Lebensmittel

Gemüsebrühe ohne Hefe

Warum tut mir das gut?
Weil hefefreie Gemüsebrühe wenig Purine enthält. Hefeextrakt sowie Hefeflocken enthalten zu viele Purine und sollten nicht zum Würzen verwendet werden.

Wie koche ich mit Gemüsebrühe?
Eine hefefreie, klare, gekörnte Gemüsebrühe ohne Geschmacksverstärker eignet sich zum Würzen von Saucen, Suppen, Gemüse und ersetzt das Salz. Falls Sie auch Bluthochdruck haben, sollten Sie sehr sparsam mit Salz umgehen. Verwenden Sie stattdessen lieber frische Kräuter und Gewürze. Eine gute Alternative bietet auch eine selbst gemachte Gemüsebrühe (Seite 114).

Weinstein-Backpulver

Warum tut mir das gut?
Weinstein-Backpulver enthält als Säuerungsmittel natürlichen Weinstein aus der im Wein enthaltenen Weinsäure anstelle der sonst üblichen Phosphate. Phosphate sollten Menschen mit einer Neigung zu Gicht weitestgehend meiden – genauso wie Schmelzkäse mit Phosphat.

Wie setze ich Backpulver ein?
Weinstein-Backpulver wird genauso wie herkömmliches Backpulver eingesetzt. Ein Vorteil ist der mildere, weniger pelzige oder stumpfe Geschmack gegenüber herkömmlichem Backpulver. Sie finden Weinstein-Backpulver im Reformhaus, Bioladen oder Supermarkt.

Eier

Warum sind Eier gut für mich?
Als Ersatz für Fleisch und Wurst sind Milchprodukte und Eier eine ideale purinfreie Eiweißquelle, weil sie nur wenige Zellkerne liefern. Wegen des Cholesterins machen Sie sich keine Sorgen. Durch die purinarme Ernährung verzichten Sie sowieso schon auf besonders cholesterinhaltige Lebensmittel wie Innereien und die Haut von Fisch und Geflügel.

Wie kann ich Eier in der Küche einsetzen?
Ob pochiert, gebraten, gekocht oder gestockt – Eier sind die perfekte Kombination für ein leichtes Gericht (3 Eier pro Woche sind das Maß).

Vegetarische Aufstriche

Was ist das?
Wurst enthält Purine – als Ersatz bieten sich purinarme, vegetarische Aufstriche an. Vegetarische Aufstriche sind pflanzliche Alternativen zu Wurst und Käse, z. B. aus Sonnenblumenkernen oder auf Quark- oder Gemüsebasis.

Was muss ich beachten?
Greifen Sie zu vegetarischen Aufstrichen ohne Hefezusatz, Hülsenfrüchte und Soja. Eine purinarme Alternative ist auch ein mit Frischkäse bestrichenes und mit Schnittlauch oder Kräutern bestreutes Brot mit Tomaten oder italienischen Antipasti. Probieren Sie die Rezepte aus diesem Buch: Paprika-Tomaten-Aufstrich (Seite 50), Avocadoaufstrich (Seite 48) oder Käse-Oliven-Creme (Seite 48).

Milchprodukte, Käse

Warum ist Käse besser als Wurst?
Als Ersatz für Fleisch und Wurst ist Käse eine ideale purinarme Eiweißquelle, die nur wenige Zellkerne liefert. Milchprodukte sind ebenfalls arm an Purinen und reich an Calcium.

Wie kann ich Milchprodukte einsetzen?
Ob süße und pikante Aufläufe, Pürees, Quarkspeisen, Dips, Mixgetränke, Puddings oder Saucen – aus Milch und Milchprodukten lassen sich schmackhafte Gerichte und Desserts zaubern.

Wie koche ich mit Käse?
Mit Käse lässt sich kreativ und vielfältig kochen. Ein Auflauf oder Gratin mit einer goldbraunen Käsehaube ist schnell gemacht und schmeckt wunderbar (Seite 75).

Kartoffeln

Warum tun mir Kartoffeln gut?
Wegen ihres niedrigen Puringehalts sind Kartoffeln bei Gicht unbedenklich.

Was ist das Besondere an ihnen?
Kartoffeln liefern nur wenige Kalorien, enthalten aber Stärke, Ballaststoffe, hochwertiges Eiweiß, so gut wie kein Fett, Vitamine und Mineralstoffe sowie sekundäre Pflanzenstoffe.

Wie koche ich mit Kartoffeln?
Kartoffeln lassen sich auf unzählige Arten zubereiten, die jeweils Variationen der folgenden Grundzubereitungsarten sind: Kochen – Kartoffelcremesuppe (Seite 54), Braten – Kartoffelpuffer (Seite 104), Backen – Kartoffelsoufflé (Seite 81) und Ofenkartoffeln (Seite 84).

Rezepte – schmackhaft und lecker

Einkaufsliste (für 2 Personen)

Obst
- 400 g Erdbeeren
- 200 g Heidelbeeren
- 6 Äpfel
- 50 g Mangofruchtfleisch
- 1 Scheibe Ananas
- 150 g entkernte Datteln
- 3 unbehandelte Zitronen
- 1 unbehandelte Limette

Gemüse
- je 75 g Steinpilze, Pfifferlinge, Kräuterseitlinge
- 250 g Muskatkürbis
- 300 g Kartoffeln
- ¼ Bund Suppengrün
- 3 kleine Salatgurken
- 1 kleiner Kopf Salat
- 2 Stangen Lauch
- 8 Karotten
- 1,5 kg Tomaten
- 7 Zwiebeln, 1 rote Zwiebel, 1 Schalotte
- 2 kleine Frühlingszwiebeln
- 6 Knoblauchzehen
- 1 grüne Paprikaschote
- 1 kleine gelbe Zucchini
- 2 kleine grüne Zucchini
- 2 Fenchelknollen
- 3 Avocados
- ½ Rettich
- 4 Radieschen

Kräuter
- 1 Bund glatte Petersilie
- ½ Bund Schnittlauch
- ½ Bund Basilikum
- 1 Bund Koriandergrün
- 1 Kästchen Kresse

Milchprodukte
- 1½ l fettarme Milch
- 1 kg Joghurt
- 100 g körniger Frischkäse
- 50 g Sahne
- 45 g Sauerrahm
- 2 EL Magerquark
- 100 g Butter
- Parmesan/Pecorino
- 120 g Schafskäse
- 10 Eier

Fleisch
- 2 Putenschnitzel
- 2 Hähnchenbrustfilets
- 750 g Lammkeule

Sonstiges
- 150 g Haferflocken
- 200 g Mehl
- 1 TL Weinstein-Backpulver
- 150 g Arborio-Reis
- 300 g Sushireis
- 200 g Hirse
- 125 g Tagliatelle
- 2 Roggen- oder Weizenbrötchen
- 4 Scheiben Vollkornbrot
- 60 g schwarze Oliven
- 2 EL Sanddornsaft
- 2 TL gehackte Nüsse
- Honig, Ahornsirup, brauner Zucker
- 4 Blätter Nori-Algen, 3 EL Reisessig, Wasabipaste, Sojasauce

Gewürze
- Cayennepfeffer, Currypulver, Ingwer, Kreuzkümmel, Koriander, Kurkuma, Muskatnuss, gemahlene Nelken, Paprikapulver edelsüß, Rosmarin, Thymian, Zimtpulver
- gekörnte Gemüsebrühe (hefefrei)
- 2 EL Kapern
- Meersalz

In 7 Tagen zur neuen Ernährung

Am besten gewöhnen Sie sich an, die Woche zu planen, denn so lässt sich die für Sie verträgliche Harnsäuremenge von 500 mg pro Tag gut im Auge behalten. Ideale Frühstückskomponenten sind Vollkorngetreideprodukte, Milch (-produkte), Obst oder Gemüse. Das Mittagessen sollte möglichst leicht und fettarm sein und vergessen Sie nicht, ausreichend dazu zu trinken. Nutzen Sie das Abendbrot, um den Speiseplan auszugleichen oder zu ergänzen.

Tag 1

Frühstück. Müsli mit frischen Beeren (Seite 41)

Mittagessen. Waldpilzrisotto (Seite 73)

Abendessen. Kürbissuppe mit Ingwer (Seite 53)

Frühstück. Birchermüsli (Seite 42)

Mittagessen. Vegetarischer Burger (Seite 75)

Abendessen. Griechischer Salat (Seite 61)

Frühstück. Birchermüsli (Seite 42)

Mittagessen. Tagliatelle mit Zucchini (Seite 76)

Abendessen. Brot mit Avocadoaufstrich (Seite 48)

Frühstück. Indisches Rührei (Seite 51)

Mittagessen. Puten-Mango-Curry (Seite 92)

Abendessen. Apfelpfannkuchen (Seite 124)

Frühstück. Quarkshake (Seite 44) und Brot mit Frischkäse

Mittagessen. Tomatensuppe (Seite 56)

Abendessen. Biergarten-Brotzeit (Seite 65)

Frühstück. Pfannkuchen mit Ahornsirup (Seite 48)

Mittagessen. Vegetarisches Sushi (Seite 97)

Abendessen. Zitronenhähnchen (Seite 91)

Frühstück. Erdbeersmoothie (Seite 44) und Hefezopf

Mittagessen. Hirsotto (Seite 112) und gemischter Salat

Abendessen. Lamm-Tajine (Seite 94)

Frühstück

Gibt gute Laune und Kraft

Müsli mit frischen Beeren

Für 1 Person • geht schnell
⏲ 15 Min.

je 100 g Erdbeeren und Heidelbeeren • 150 g Vollmilchjoghurt • 2 EL Haferflocken • 1 TL Honig • 1 EL Sanddornsaft • 1 TL gehackte Nüsse

- Beeren waschen, verlesen und trocken tupfen. Die Erdbeeren etwas zerkleinern. Früchte in ein Müslischälchen verteilen. Haferflocken auf die Beeren geben.

- Joghurt mit Honig und Sanddornsaft verrühren und über das Müsli geben. Mit den Nüssen bestreuen.

Variante Eine besonders schmackhafte Variante sind karamellisierte Haferflocken. Hierzu röstet man 2 EL grobe Getreideflocken und 1 gehäuften TL braunen Zucker in einer Pfanne mit Butter so lange, bis alles eine goldbraune Farbe angenommen hat.

Tipp Falls Sie keine frischen Beeren zur Hand haben, dann sind Trockenfrüchte ein guter Ersatz, sie sorgen für eine natürliche, fruchtige Süße im Müsli. Es sind im Prinzip keinerlei Grenzen gesetzt und man kann jede Obstsorte verwenden, die einem schmeckt.

Nährwerte pro Portion
358 kcal • 13 g E • 15 g F • 38 g KH • 11 g Ba • 78 mg Harnsäure

Mit Ingwer und Kardamom

Aprikosenaufstrich

Für 4 Personen • gut vorzubereiten
⏲ 30 Min. + 12 Std. Einweichzeit

100 g getrocknete Aprikosen • 100 ml Orangensaft • 4 getrocknete Datteln • 1 EL gemahlene Haselnüsse • 1 EL Orangenschale • gemahlener Ingwer • gemahlener Kardamom

- Aprikosen in kleine Stücke schneiden und im Orangensaft über Nacht, am besten im Kühlschrank, einweichen. Die Datteln entsteinen und zusammen mit den Aprikosen und dem Orangensaft pürieren.

- Die Nüsse dazugeben, bis eine streichfähige Paste entsteht. Mit den Gewürzen und der abgeriebenen Orangenschale abschmecken.

Das passt dazu Die Aprikosenpaste passt sehr gut zu frischen Rosinenbrötchen oder Hefezopf.

Nährwerte pro Portion
102 kcal • 2 g E • 1 g F • 20 g KH • 4 g Ba • 25 mg Harnsäure

Ein Klassiker für jeden Tag

Birchermüsli

Für 1 Person • gelingt leicht
15 Min.

1 großer Apfel • 1 EL Zitronensaft • 150 g fettarmer Joghurt • 1 EL Honig • 2 EL Haferflocken

- Den Apfel abspülen und mit der Schale fein reiben. Den Zitronensaft darüberträufeln, damit sich das Fruchtfleisch nicht dunkel färbt.

- Den Joghurt mit dem Honig gut verrühren und den geriebenen Apfel und die Haferflocken unterheben.

Variante Statt Apfel können Sie auch Erdbeeren, Bananen oder Orangen verwenden – je nach Jahreszeit und ganz nach Ihrem Geschmack.

Nährwerte pro Portion
334 kcal • 10 g E • 5 g F • 60 g KH • 5 g Ba • 55 mg Harnsäure

Leichtes Frühstück

Apfel-Karotten-Müsli

Für 1 Person • gelingt leicht
15 Min.

150 g Joghurt • 1 EL Zitronensaft • 1 EL Honig • 1 mittelgroßer Apfel • 1 kleine Karotte • ½ Banane • 1 EL gemahlene Haselnüsse • 1½ EL Haferflocken

- Joghurt mit Zitronensaft und Honig gut verrühren. Den Apfel und die Karotte abspülen, schälen und in den Joghurt raffeln.

- Die Banane schälen, in dünne Scheiben schneiden und dazugeben. Die gemahlenen Haselnüsse und die Haferflocken kurz vor dem Servieren untermischen.

Nährwerte pro Portion
401 kcal • 9 g E • 11 g F • 64 g KH • 7 g Ba • 57 mg Harnsäure

Feine Kombination

Birnen-Kokos-Müsli

Für 1 Person • geht schnell
10 Min.

150 g Dickmilch (3,5 % Fett) • 1 EL Honig • 1 EL Kokosraspel • 1 kleine Birne • 1½ EL Haferflocken • 1 EL gehackte Walnüsse

- Dickmilch mit dem Honig verrühren und die Kokosraspel dazugeben. Die Birne abspülen, halbieren, vom Kerngehäuse befreien und in Würfel schneiden.

- Alles mit der Dickmilch vermengen. Die Haferflocken dazugeben und mit den gehackten Walnüssen bestreut servieren.

Nährwerte pro Portion
432 kcal • 10 g E • 22 g F • 47 g KH • 8 g Ba • 36 mg Harnsäure

Beliebtes Frühstück in Großbritannien

Porridge mit Pflaumenmus

Für 1 Person • geht schnell
⏲ 15 Min.

3½ EL Haferflocken • 1 Prise Salz •
1 EL gemahlene Haselnüsse •
1 EL Pflaumenmus

- Haferflocken in 350 ml Wasser etwa 15 Min. bei kleiner Hitze ausquellen lassen. Das Salz und die Nüsse dazugeben und gut umrühren.

- Das fertige Porridge in einen gewärmten tiefen Teller geben und das Pflaumenmus auf die Mitte setzen.

Variante Es gibt verschiedene Variationen: So begießt man den Haferbrei häufig noch mit kalter Milch, süßer oder saurer Sahne. Porridge wird aus Hafer zubereitet. Hafer zählt zu den eher gehaltvollen Getreidearten. In ihm stecken neben relativ viel Fett und Eiweiß auch jede Menge gesunde Ballaststoffe, die den Cholesterinspiegel senken können. Anstelle von Pflaumenmus können Sie zum Porridge auch Honig oder Ahornsirup genießen.

Nährwerte pro Portion
219 kcal • 6 g E • 6 g F • 36 g KH •
3 g Ba • 42 mg Harnsäure

Superschnell gemixt

Aprikosenmilch

Für 1 Person • geht schnell
5 Min.

2 mittelgroße Aprikosen • ⅛ l fettarme Milch • 1 TL Zucker • Zitronensaft

- Aprikosen waschen, entkernen, das Fruchtfleisch klein schneiden und mit den übrigen Zutaten mixen. Gekühlt servieren.

Variante Anstelle von frischem Obst können Sie auch tiefgekühltes Obst verwenden und statt Zucker auch Süßstoff.

Nährwerte pro Portion
123 kcal • 5 g E • 2 g F • 20 g KH • 2 g Ba • 20 mg Harnsäure

Nach Herzenslust abschmecken

Quarkshake

Für 1 Person • preisgünstig
5 Min.

200 ml fettarme Milch • 1 EL Magerquark • 2 EL Joghurt • 4 TL Zucker

- Milch, Quark, Joghurt und Zucker in ein hohes Rührgefäß füllen und mit dem Pürierstab aufmixen.

Variante Der Drink schmeckt schön frisch, wird aber noch aromatischer, wenn Sie eine der folgenden Gewürzzutaten unterrühren: Zimtpulver, fein geriebene Zitronenschale, fein geriebene Ingwerwurzel, fein gehackte Zitronenmelisse oder fein gehackte Minze.

Nährwerte pro Portion
226 kcal • 12 g E • 5 g F • 33 g KH • 0 g Ba • 0 g Harnsäure

Herrlicher Sommerdrink

Erdbeersmoothie

Für 1 Person • preisgünstig
5 Min.

100 g Erdbeeren • 2 TL Zucker • 1 EL Zitronensaft • 1 TL Honig • 200 ml fettarme Milch • 2 Eiswürfel

- Erdbeeren waschen, putzen und klein schneiden.

- Die Erdbeeren in ein hohes Rührgefäß füllen und Zucker, Zitronensaft, Honig, gekühlte Milch und Eiswürfel zugeben.

- Die Mischung mit dem Pürierstab mixen und sofort servieren.

Nährwerte pro Portion
202 kcal • 8 g E • 3 g F • 34 g KH • 2 g Ba • 25 mg Harnsäure

» Erdbeersmoothie

Ein Muss fürs Sonntagsfrühstück

Aprikosenmarmelade

Für 1,4 l • braucht etwas mehr Zeit
⏲ 30 Min. + 3 Std. Ziehzeit

1,2 kg Aprikosen • Saft von 2 Zitronen (4 EL) oder 1 TL Ascorbinsäure • 1 kg Gelierzucker 1 : 1

- Die Aprikosen waschen, halbieren und entsteinen. Die Hälfte klein würfeln, die andere Hälfte im Mixer pürieren.

- Das ganze Obst sofort mit Zitronensaft und Gelierzucker mischen. Mindestens 3 Stunden an einem kühlen Ort ziehen lassen. Dann in einem großen Topf bei starker Hitze unter intensivem Rühren zum Kochen bringen, bis alles kräftig sprudelt. Die Marmelade 4 Min. sprudelnd kochen lassen, dabei ständig weiterrühren.

- Kurz vor Ablauf der Kochzeit eine Gelierprobe machen: den Kochlöffel aus dem Topf nehmen und die heiße Masse abtropfen lassen. Wird der letzte Tropfen fest, so wird auch die Konfitüre fest. Andernfalls verlängern Sie die Kochzeit um 1 – 2 Min.

- Den Topf vom Herd nehmen. Heiß ausgespülte Gläser mit der kochend heißen Masse randvoll füllen und sofort mit Schraubdeckel verschließen und abkühlen lassen.

Variante Traditionell wird Zucker im Verhältnis 1 : 1 verwendet. Das garantiert eine lange Haltbarkeit. Alternativ nehmen Sie 400 g Gelierzucker und 1 TL Pektin.

Tipp Das Wichtigste, um eine gute Marmelade zu kochen, sind reife und einwandfreie Früchte.

Nährwerte pro Portion (20 g)
45 kcal • 0 g E • 0 g F • 11 g KH • 0 g Ba • 0 mg Harnsäure

Alternative zu herkömmlicher Konfitüre

Birnenaufstrich

Für 4 Personen • gut vorzubereiten
⏲ 30 Min. + 12 Std. Einweichzeit

100 g getrocknete Birnen • 100 ml Apfelsaft • 4 getrocknete Datteln • 1 EL geriebene Mandeln • Zimtpulver • 1 EL Zitronenschale, gerieben

- Die Birnen in kleine Stücke schneiden und im Apfelsaft über Nacht, am besten im Kühlschrank, einweichen lassen.

- Die Datteln entsteinen und zusammen mit den Birnen und dem Apfelsaft pürieren.

- So viel Mandeln dazugeben, bis eine streichfähige Paste entsteht. Mit Zimtpulver und Zitronenschale abschmecken.

Das passt dazu Die Birnenpaste passt sehr gut zu Vollkorn- oder Dinkelbrötchen.

Nährwerte pro Portion
109 kcal • 1 g E • 1 g F • 23 g KH • 4 g Ba • 21 mg Harnsäure

» Aprikosenmarmelade

Köstlich für ein Brunch

Pfannkuchen mit Ahornsirup

Für 4 Personen • braucht etwas mehr Zeit
⏲ 30 Min.

200 g Mehl • 2 TL Weinstein-Backpulver • 1 TL brauner Zucker • 1 Prise Salz • 60 g Butter oder Margarine • 2 Eier • ⅛ l Milch • 2 EL Öl zum Braten • 1 EL Ahornsirup

- Das Mehl mit dem Backpulver, dem Zucker und dem Salz in einer Schüssel mischen. 50 g Butter zerlassen, aber nicht bräunen. Die Eier trennen. Eigelbe, zerlassene Butter und Milch miteinander verquirlen und mit dem Mehl mischen.

- Die Eiweiße steif schlagen und unterheben. Aus dem Teig nacheinander bei mittlerer Hitze 4 Pfannkuchen backen und auf einem Teller im Backofen warm halten. Die restliche Butter auf den Pfannkuchen zerlassen und mit Ahornsirup beträufeln.

Tipp Ahornsirup ist in verschiedenen Qualitätsgraden erhältlich, wobei die hellen, bernsteinfarbenen Sorten die besten sind.

Nährwerte pro Portion
471 kcal • 10 g E • 24 g F • 54 g KH • 2 g Ba • 22 mg Harnsäure

Superschnell zubereitet

Avocadoaufstrich

Für 2 Personen • geht schnell
⏲ 15 Min.

2 kleine Tomaten • 1 kleine Zwiebel • ½ Avocado • 1 EL Zitronensaft • 100 g körniger Frischkäse • Salz • Pfeffer, frisch gemahlen

- Tomaten abspülen, den Stielansatz herausschneiden und vierteln. Tomaten entkernen und in kleine Würfel schneiden.

- Zwiebel abziehen und in feine Würfel schneiden. Das Fruchtfleisch der Avocado mit einem Teelöffel aus der Schale lösen, mit dem Zitronensaft beträufeln und mit einer Gabel fein zerdrücken.

- Frischkäse, Tomaten- und Zwiebelwürfel zugeben und alle Zutaten vorsichtig vermengen. Mit Salz und Pfeffer abschmecken.

Das passt dazu Der Brotaufstrich schmeckt besonders gut auf Vollkorn- oder Knäckebrot. In ein verschließbares Gefäß gefüllt, eignet er sich prima zum Mitnehmen.

Nährwerte pro Portion
191 kcal • 8 g E • 15 g F • 5 g KH • 3 g Ba • 23 mg Harnsäure

So wird das Brot zum Leckerbissen

Käse-Oliven-Creme

Für 4 Personen • geht schnell
⏲ 15 Min.

100 g schwarze entsteinte Oliven • 125 g Frischkäse (Rahmstufe) • 4 EL Joghurt • 1 Knoblauchzehe • 1 Bund Basilikum • Salz • Pfeffer, frisch gemahlen • 1 TL Sesam

- Die Oliven in kleine Stücke schneiden. Den Frischkäse mit dem Joghurt glatt rühren. Die Knoblauchzehe abziehen und zerdrücken. Basilikum abspülen, trocken schütteln und fein hacken.

- Oliven, Knoblauch und Basilikum mit der Käsemasse mischen und mit Salz und Pfeffer abschmecken. Den Sesam ohne Fett in einer Pfanne anrösten und auf die Käsemasse streuen.

Das passt dazu Die Käsecreme passt sehr gut zu Vollkornbrot und allen schrothaltigen Brotsorten.

Nährwerte pro Portion
195 kcal • 6 g E • 18 g F • 3 g KH • 1 g Ba • 8 mg Harnsäure

» Pfannkuchen mit Ahornsirup

Alternative zu Käse und Wurst

Paprika-Tomaten-Aufstrich

Für 4 Personen • preisgünstig
15 Min.

100 g Butter oder Margarine • 120 g Quark (20 % Fett) • 1 kleine Tomate • ½ grüne Paprikaschote • ½ kleine Zwiebel • Salz • Pfeffer, frisch gemahlen • 2 EL gemischte Kräuter (tiefgekühlt)

- Die Butter schaumig rühren und den Quark unterziehen. Den Stielansatz aus der Tomate herausschneiden und die Paprika putzen. Die Zwiebel abziehen.

- Paprika und Zwiebel in sehr kleine Würfel schneiden und unter die Quarkmasse heben. Mit Salz und Pfeffer abschmecken und die gehackten Kräuter unterrühren.

Das passt dazu Lecker zu herzhaften Kornsemmeln oder zu einem Roggenspitz.

Nährwerte pro Portion
223 kcal • 4 g E • 22 g F • 2 g KH • 1 g Ba • 3 mg Harnsäure

Herrlich aromatisch

Orientalische Polenta

Für 1 Person • braucht etwas mehr Zeit
30 Min.

50 g getrocknete Aprikosen • 50 g getrocknete Datteln • 5 EL Polenta (Maisgrieß) • 1 Prise Salz • Zimtpulver • gemahlener Koriander • gemahlener Kardamom • 1 EL Butter

- Das Trockenobst in kleine Würfel schneiden und in 300 ml Wasser weich köcheln. Die Polenta einstreuen, Salz und die Gewürze dazugeben und alles zusammen etwa 10 Min. aufkochen lassen.

- Während des Kochens immer wieder umrühren und bei Bedarf noch etwas Flüssigkeit dazugeben. Vom Herd nehmen und etwa 10 Min. ausquellen lassen. Vor dem Servieren mit zerlassener Butter beträufeln.

Tipp Wenn es einmal schneller gehen soll, verwenden Sie am besten vorgegarten Polentagrieß.

Nährwerte pro Portion
518 kcal • 8 g E • 10 g F • 95 g KH • 12 g Ba • 103 mg Harnsäure

Fast zu schade zum Alleinessen

Rührei mit Pfifferlingen

Für 1 Person • geht schnell
15 Min.

80 g Pfifferlinge • ½ TL Öl • Salz • 1 EL fein gehackte Petersilie • 2 Eier • 1 EL fettarme Milch

- Pfifferlinge mit einem feuchten Tuch abreiben, größere Pilze halbieren oder vierteln.

- Das Öl erhitzen, die Pfifferlinge darin andünsten, salzen und im eigenen Saft garen. Die Flüssigkeit reduzieren und die Hälfte der Petersilie dazugeben.

- Eier mit Milch verquirlen, über die Pilze geben und bei milder Hitze stocken lassen, abschmecken und mit der restlichen Petersilie bestreut servieren.

Nährwerte pro Portion
224 kcal • 17 g E • 17 g F • 2 g KH • 5 g Ba • 31 mg Harnsäure

Simpel, aber raffiniert

Indisches Rührei

Für 1 Person • gelingt leicht
⏲ 20 Min.

1 Tomate • 1 Frühlingszwiebel • 1 Stück Ingwer • 2 Eier • Zimtpulver • gemahlener Curry • 1 Msp. gemahlene Nelken • Salz • Pfeffer, frisch gemahlen • 1 EL Öl

● Die Tomate überbrühen, putzen, häuten und würfeln. Die Frühlingszwiebel putzen und in feine Ringe schneiden. Den Ingwer schälen und ganz fein hacken. Die Eier in einer Schüssel verquirlen und mit den Gewürzen abschmecken.

● Öl in der Pfanne erhitzen und Zwiebel und Ingwer kurz anbraten, die Eier mit den Tomaten zugeben und bei schwacher Hitze stocken lassen. Das cremig-weiche Rührei auf einem vorgewärmten Teller anrichten und sofort servieren.

Das passt dazu Frisches Fladenbrot oder Toast.

Nährwerte pro Portion
274 kcal • 15 g E • 23 g F • 3 g KH • 1 g Ba • 15 mg Harnsäure

Kleine Gerichte

Der Klassiker für kalte Herbsttage

Kürbissuppe mit Ingwer

Für 4 Personen • gelingt leicht
⏲ 45 Min.

500 g Muskatkürbis • 250 g Kartoffeln • ½ Bund Suppengrün (Karotte, Sellerie, Lauch, Petersilienwurzel) • 2 Schalotten • 4 EL Rapsöl • 300 ml Gemüsebrühe (hefefrei) • 250 ml Milch (fettarm) • 1 Stück Ingwerwurzel • Saft von 1 Biozitrone • Salz • Pfeffer, frisch gemahlen • 1 TL Currypulver • einige Stängel glatte Petersilie oder Koriandergrün (alternativ geröstete Kürbiskerne)

- Kürbis schälen und entkernen, innere Fasern entfernen. Die Kartoffeln schälen, das Kürbisfleisch und die Kartoffeln würfeln. Suppengemüse putzen, waschen und klein schneiden. Schalotten schälen und fein würfeln.

- Das Gemüse im Öl anschwitzen, Gemüsebrühe und Milch angießen und etwa 15 Min. köcheln lassen, bis das Gemüse weich ist.

- Ingwer schälen und fein reiben. Die Suppe pürieren und mit Zitronensaft, Salz, Pfeffer, Curry und Ingwer abschmecken. Mit den Kräuterblättchen bestreuen.

Variante Statt Kuhmilch probieren Sie einmal Kokosmilch, es gibt der Kürbissuppe einen asiatischen Touch.

Nährwerte pro Portion
181 kcal • 5 g E • 11 g F • 21 g KH • 5 g Ba • 41 mg Harnsäure

Leckere und schnelle Wintersuppe

Selleriecremesuppe

Für 4 Personen • braucht etwas mehr Zeit
⏲ 30 Min.

3 Stangen Staudensellerie • 500 g mehlig kochende Kartoffeln • 2 mittelgroße Zwiebeln • 1 EL Rapsöl • Salz • Pfeffer, frisch gemahlen • Muskatnuss • ¾ l Gemüsebrühe (hefefrei) • ⅛ l fettarme Milch • 2 EL Zitronensaft • 1 EL Sauerrahm

- Sellerie putzen und in 1 cm breite Stücke schneiden. Etwas Selleriegrün beiseitelegen, den Rest in schmale Streifen schneiden. Kartoffeln schälen und in Würfel schneiden. Die Zwiebeln abziehen, fein hacken und im Öl andünsten. Kartoffeln und Sellerie zugeben, mit Salz, Pfeffer und Muskat würzen. Das in Streifen geschnittene Selleriegrün hinzufügen und die Brühe angießen. Aufkochen und 20 Min. köcheln lassen, bis das Gemüse gar ist.

- Etwa ⅓ des Gemüses herausnehmen. Die Suppe fein pürieren, die Milch unterrühren, das Gemüse zugeben und die Suppe bei Hitze 5 Min. köcheln lassen. Mit Zitronensaft abschmecken und einen Klecks Sauerrahm auf die Suppe geben.

Nährwerte pro Portion
148 kcal • 5 g E • 4 g F • 22 g KH • 5 g Ba • 83 mg Harnsäure

Für den kleinen Hunger

Karottencremesüppchen

Für 4 Personen • preisgünstig
20 Min.

4 mittelgroße Karotten • ¾ l Gemüsebrühe (hefefrei) • 1 Lorbeerblatt • 2 EL Sonnenblumenöl • 4 EL Mehl • ¼ l fettarme Milch • Salz • etwas Zimtpulver • 2 EL gehackte Petersilie

● Karotten abspülen, schälen und in Stücke schneiden. ⅓ der Gemüsebrühe erhitzen, die Karotten darin weich dünsten und das Lorbeerblatt hinzufügen.

● Das Öl erhitzen und das Mehl darin anrösten. Mit der restlichen Gemüsebrühe und der Milch ablöschen.

● Die Karotten pürieren oder mixen und in die Brühe einrühren, mit Salz und Zimtpulver abschmecken und vor dem Servieren mit der gehackten Petersilie bestreuen.

Nährwerte pro Portion
126 kcal • 14 g KH • 4 g E • 6 g F • 3 g Ba • 12 mg Harnsäure

Belastet Ihr Purinkonto nicht

Omas Nudelsuppe

Für 4 Personen • gelingt leicht
10 Min.

60 g Fadennudeln • Salz • 1 l Gemüsebrühe (hefefrei) • frisch geriebene Muskatnuss • 1 EL gehackte Kräuter (z. B. Petersilie, Kerbel, Pimpinelle)

● Die Nudeln in Salzwasser bissfest kochen, abgießen, kalt abschrecken und abtropfen lassen.

● Die Gemüsebrühe erhitzen, abschmecken, die Fadennudeln dazugeben und alles kurz erwärmen. Mit den gehackten Kräutern bestreut servieren.

Variante Anstelle von Fadennudeln können Sie auch andere Nudelsorten verwenden, z. B. Riebele, Sternchen, Buchstaben u. Ä. Und wenn die Suppe besonders hübsch aussehen soll, geben Sie einfach ein paar Gemüsestreifen oder Tomatenwürfelchen dazu.

Nährwerte pro Portion
105 kcal • 2 g E • 0 g F • 10 g KH • 1 g Ba • 10 mg Harnsäure

Kommt gut ohne Sahne aus

Kartoffelcremesuppe

Für 4 Personen • braucht etwas mehr Zeit
30 Min.

400 g Kartoffeln • 1 kleine Karotte • 1 kleine Petersilienwurzel • ¼ kleine Sellerieknolle • 1 kleine Lauchstange • 2 TL Rapsöl • 1 l Gemüsebrühe (hefefrei) • Salz • Pfeffer, frisch gemahlen • frisch geriebene Muskatnuss • 1 mittelgroße Zwiebel • 2 TL Kürbiskernöl

● Kartoffeln, Karotte, Petersilienwurzel und Sellerieknolle abspülen, schälen und in Würfel schneiden. Den Lauch putzen, der Länge nach aufschneiden, abspülen und in feine Ringe schneiden. Das Gemüse im Öl etwa 5 Min. andünsten. Die Brühe zugießen, aufkochen und etwa 20 Min. garen.

● Die Suppe mit dem Pürierstab pürieren und mit den Gewürzen abschmecken. Die Zwiebel abziehen, fein würfeln, im Kürbiskernöl goldbraun rösten und auf die Suppe geben.

Nährwerte pro Portion
119 kcal • 2 g E • 6 g F • 13 g KH • 3 g Ba • 22 mg Harnsäure

Das Beste an kalten Tagen

Zwiebelsuppe

Für 4 Personen • gut vorzubereiten
⏲ 15 Min.

3 mittelgroße Zwiebeln • 2 EL Olivenöl • 1 l Gemüsebrühe (hefefrei) • Salz • Pfeffer, frisch gemahlen

● Zwiebeln abziehen und in feine Ringe schneiden. Das Öl erhitzen und die Zwiebelringe darin glasig dünsten.

● Zwiebeln mit der Gemüsebrühe aufgießen und gar kochen. Mit Salz und Pfeffer pikant abschmecken.

Variante Eine fein geschnittene Knoblauchzehe zusammen mit der Zwiebel anschwitzen und der Suppe zugeben.

Nährwerte pro Portion
54 kcal • 1 g E • 5 g F • 2 g KH • 1 g Ba • weniger als 5 mg Harnsäure

Aus frischen Tomaten gekocht

Tomatensuppe

Für 4 Personen • gelingt leicht
25 Min.

4 große Tomaten • 1 mittelgroße Zwiebel • 1 Knoblauchzehe • 2 EL Olivenöl • 1 Bund Basilikum • ¾ l Gemüsebrühe (hefefrei) • 4 EL Sahne • Salz • Pfeffer, frisch gemahlen • frisch geriebene Muskatnuss

● Die Tomaten mit kochendem Wasser überbrühen, häuten, entkernen, den Stielansatz herausschneiden und das Fruchtfleisch grob würfeln. Zwiebel und Knoblauch abziehen, fein schneiden und im Öl andünsten. Dann die Tomaten hinzufügen und 5 Min. im offenen Topf garen.

● Bis auf 4 Blättchen zum Garnieren restliches Basilikum in schmale Streifen schneiden und untermischen. Mit der Gemüsebrühe aufgießen und etwa 10 Min. köcheln lassen. Die Sahne steif schlagen und unterheben. Die Suppe mit Salz, Pfeffer und Muskat abschmecken und mit Basilikum garniert servieren.

Nährwerte pro Portion
96 kcal • 2 g E • 8 g F • 4 g KH • 1 g Ba • 13 mg Harnsäure

Mit gerösteten Haferflocken

Haferflockensuppe

Für 4 Personen • preisgünstig
20 Min.

½ Lauchstange • ¼ kleine Sellerieknolle • 1 kleine Karotte • 2 EL Sonnenblumenöl • 6 EL Haferflocken • 1 l Gemüsebrühe (hefefrei) • Salz • frisch geriebene Muskatnuss • 1 EL Schnittlauchröllchen

● Lauch putzen, der Länge nach aufschneiden, abspülen und in feine Ringe schneiden. Sellerieknolle und Karotte abspülen, schälen und in kleine Würfel schneiden.

● Das Öl erhitzen und Haferflocken darin anrösten. Das Gemüse dazugeben und andünsten. Mit Gemüsebrühe aufgießen und bei mittlerer Hitze in etwa 10 Min. gar kochen.

● Mit den Gewürzen abschmecken und mit Schnittlauchröllchen bestreut servieren.

Nährwerte pro Portion
105 kcal • 2 g E • 6 g F • 10 g KH • 3 g Ba • 24 mg Harnsäure

Ein französischer Klassiker

Creme Dubarry

Für 4 Personen • preisgünstig
25 Min.

½ mittelgroßer Blumenkohl • 300 g Kartoffeln • ¼ l fettarme Milch • 1 l Gemüsebrühe (hefefrei) • 2 EL Butter • Salz • frisch geriebene Muskatnuss

● Blumenkohl und Kartoffeln abspülen. Blumenkohl in kleine Röschen teilen, Kartoffeln schälen und klein schneiden.

● Milch, Gemüsebrühe und das Gemüse aufkochen und langsam garen. Mit einem Pürierstab pürieren, die Butter unterschlagen und mit den Gewürzen abschmecken.

Nährwerte pro Portion
111 kcal • 4 g E • 5 g F • 11 g KH • 3 g Ba • 31 mg Harnsäure

» Tomatensuppe

Mit Grapefruit verfeinert

Karotten-Paprika-Salat

Für 4 Personen • preisgünstig
⏲ 30 Min.

1 mittelgroße Grapefruit • 1 kleine grüne Paprikaschote • 4 mittelgroße Karotten • 3 EL Zitronensaft • Salz • Zucker • Paprikapulver (mild) • 6 EL Rapsöl

● Die Grapefruit so schälen, dass möglichst viel von der weißen Haut entfernt wird. Dann die Fruchtfleischfilets mit einem sehr scharfen Messer herausschneiden. Dabei den Saft auffangen und mitverwenden.

● Die Paprikaschote abspülen, halbieren und putzen. Die Hälften fein würfeln. Die Karotten abspülen, putzen und grob raspeln.

● Aus Zitronensaft, Salz, Zucker, Paprikapulver und Öl eine Salatsauce rühren. Alle Zutaten gut mit dem Dressing vermengen, etwas ziehen lassen und nochmals abschmecken.

Nährwerte pro Portion
200 kcal • 2 g E • 15 g F • 12 g KH • 4 g Ba • 20 mg Harnsäure

Mit leckerem Walnuss-Dressing

Tomaten-Gurken-Salat

Für 4 Personen • preisgünstig
⏲ 20 Min.

5 mittelgroße Tomaten • 1 mittelgroße Salatgurke • 1 kleiner Eisbergsalat • 3 EL Zitronensaft • Salz • Pfeffer, frisch gemahlen • Zucker nach Geschmack • ½ TL Senf • Worcestersauce • 6 EL Walnussöl • 1 EL Schnittlauchröllchen

● Die Tomaten abspülen, putzen und in Scheiben schneiden. Die Salatgurke schälen und ebenfalls in feine Scheiben schneiden. Den Eisbergsalat abspülen, putzen und zerpflücken.

● Zitronensaft, die Gewürze, Senf und einige Spritzer Worcestersauce gut verrühren. Nach und nach das Walnussöl unterschlagen. Das Gemüse und den Salat mit dem Dressing vermischen und mit den Schnittlauchröllchen bestreuen.

Variante Anstelle von Eisbergsalat können Sie auch Kopfsalat, Batavia-, Eichblatt- oder Romanasalat verwenden.

Nährwerte pro Portion
173 kcal • 2 g E • 15 g F • 7 g KH • 2 g Ba • 18 mg Harnsäure

Am besten mit ganz reifen Tomaten

Tomaten-Basilikum-Salat

Für 4 Personen • geht schnell
⏲ 10 Min.

6 mittelgroße Tomaten • 3 Stängel Basilikum • 6 EL weißer Aceto balsamico • 2 EL Gemüsebrühe (hefefrei) • Salz • Pfeffer, frisch gemahlen • 2 EL Olivenöl

● Die Tomaten abspülen und achteln, dabei den Stielansatz herausschneiden. Basilikum abspülen, trocken schütteln und die Blättchen von den Stielen zupfen. Ein paar beiseitelegen, die übrigen Blätter klein schneiden.

● Den Essig, die Gemüsebrühe, Salz und Pfeffer gut verrühren. Olivenöl unterschlagen und das Basilikum dazugeben. Die Tomaten hinzufügen und in dem Dressing wenden. Ziehen lassen und vor dem Servieren mit den Basilikumblättchen garniert servieren.

Variante Lecker mit Mozzarellawürfeln oder frisch geriebenem bzw. gehobeltem Parmesan.

Nährwerte pro Portion
60 kcal • 1 g E • 5 g F • 2 g KH • 1 g Ba • 8 mg Harnsäure

Ganz fein zu Fischfilet mit Kartoffeln

Gurkensalat mit Dill

Für 4 Personen • preisgünstig
⏲ 10 Min.

1 große Salatgurke • 150 g fettarmer Joghurt • 2 EL Zitronensaft • Salz • Pfeffer, frisch gemahlen • etwas Zucker • 4 EL Sonnenblumenöl • 2 mittelgroße Zwiebeln • 1 EL gehackte Petersilie (oder Dill)

- Die Gurke abspülen, schälen und in dünne Scheiben schneiden. In einer großen Schüssel den Joghurt mit dem Zitronensaft und den Gewürzen gut verrühren. Dann das Öl unterschlagen.

- Die Zwiebeln abziehen, fein würfeln und hinzufügen. Das Dressing unter die Gurkenscheiben mischen und den Salat mit Kräutern bestreut servieren.

Nährwerte pro Portion
134 kcal • 3 g E • 10 g F • 7 g KH • 1 g Ba • 12 mg Harnsäure

Farbenfroh und ideal für Partys

Bunter Krautsalat

Für 6 Personen • gut vorzubereiten
⏲ 20 Min.

1 kleiner Weißkohl (ca. 300 g) • 1 kleiner Rotkohl (ca. 300 g) • 3 Karotten • 1 rote Zwiebel • 3 EL Mayonnaise (50 % Fett) • 3 EL Obstessig • 3 EL Zitronensaft • 1 EL mittelscharfer Senf • Salz • Pfeffer, frisch gemahlen Zucker

- Kohlköpfe waschen, halbieren, die äußeren Blätter und den Strunk entfernen und in sehr feine Streifen schneiden. In eine große Schüssel geben und mit den Händen kräftig durchkneten.

- Die Karotten schälen, waschen und raspeln. Die Zwiebel schälen und hacken. Alles zu den Kohlstreifen geben und gut durchmischen.

- Für das Dressing Mayonnaise, Essig, Zitronensaft und Senf miteinander verrühren, mit Salz, Zucker und Pfeffer abschmecken. Das Dressing über das Gemüse geben und alles gründlich mischen.

Nährwerte pro Portion
91 kcal • 2 g E • 6 g F • 8 g KH • 5 g Ba • 39 mg Harnsäure

Köstlich – mit Frühlingskräutern

Kohlrabi-Karotten-Salat

Für 4 Personen • gut vorzubereiten
⏲ 20 Min.

3 mittelgroße Kohlrabi • 3 mittelgroße Karotten • 1 Kopf Eisbergsalat • 3 EL Aceto balsamico • 6 EL Walnussöl • Salz • Pfeffer, frisch gemahlen • 1 Handvoll Kräuter

- Kohlrabi und Karotten abspülen, schälen und in dünne Stifte schneiden oder grob raspeln. Den Eisbergsalat abspülen, trocken schütteln und in feine Streifen schneiden.

- Aus Aceto balsamico, Walnussöl, Salz und Pfeffer eine Salatsauce zubereiten, kräftig abschmecken und das Gemüse darin kurz ziehen lassen. Danach den Eisbergsalat unterheben und mit den gehackten Kräutern bestreuen.

Tipp Für Salate eignen sich Kräuter mit zartem und feinem Aroma, z. B. Kerbel, Petersilie, Dill und Pimpinelle.

Nährwerte pro Portion
178 kcal • 3 g E • 15 g F • 7 g KH • 5 g Ba • 36 mg Harnsäure

Mit leckerem Edamer

Bunter Feldsalat

Für 1 Person • geht schnell
⏲ 20 Min.

2 mittelgroße Tomaten • 1 Bund Radieschen • 50 g Feldsalat • 2 Scheiben Edamer (30 % Fett) • ¼ Zwiebel • 2 EL Aceto balsamico • 3 EL Mineralwasser • 1 EL Walnussöl • Salz • Pfeffer, frisch gemahlen

- Tomaten abspülen, putzen, in Scheiben schneiden und fächerförmig auf eine Platte legen. Radieschen putzen, abspülen und fein hobeln. Feldsalat gründlich abspülen. Käse in feine Streifen schneiden, Zwiebel abziehen und fein würfeln.

- Aus Essig, Mineralwasser, Öl, Zwiebelwürfeln, Salz und Pfeffer eine Vinaigrette rühren und einen kleinen Teil über die Tomaten träufeln. In der übrigen Marinade Radieschen und Feldsalat gut mischen, mit auf der Platte anrichten und mit den Käsestreifen garnieren.

Nährwerte pro Portion
263 kcal • 17 g E • 19 g F • 6 g KH • 5 g Ba • 44 mg Harnsäure

Prima fürs kalte Büfett

Griechischer Salat

Für 4 Personen • gut vorzubereiten
20 Min.

1 mittelgroße Salatgurke • 8 kleine Tomaten • 2 grüne Paprikaschoten • 3 mittelgroße Zwiebeln • 120 g schwarze Oliven • 240 g Schafskäse (40 % Fett) • 2 EL Olivenöl • 8 EL Essig • Salz • Pfeffer, frisch gemahlen

- Salatgurke abspülen, längs halbieren, mit einem Teelöffel die Kerne herauskratzen und die Gurke in ½ cm dicke Scheiben schneiden. Tomaten abspülen, putzen und achteln. Paprikaschoten abspülen, halbieren, putzen und in feine Streifen schneiden. Zwiebeln abziehen und in Ringe schneiden. Oliven entkernen und den Schafskäse würfeln. Gemüse mit den Zwiebelringen mischen.

- Aus Öl, Essig, Salz und Pfeffer eine Marinade rühren und über den Salat träufeln. Vor dem Servieren Oliven und Käsewürfel auf dem Salat verteilen.

Nährwerte pro Portion
585 kcal • 21 g E • 20 g F • 56 g KH • 8 g Ba • 99 mg Harnsäure

Pikantes Abendessen

Emmentaler Käsesalat

Für 4 Personen • gelingt leicht
20 Min. + 10 Min. Ziehzeit

2 kleine Salatgurken • 200 g Emmentaler (45 % Fett) • 2 mittelgroße Zwiebeln • 4 EL Essig • 2 EL Rapsöl • Salz • Pfeffer, frisch gemahlen • 4 große Tomaten • 1 EL gehackter Dill

- Gurken, schälen, der Länge nach halbieren und mit einem Teelöffel die Kerne herauskratzen. Gurke und Käse in schmale Streifen schneiden. Zwiebeln abziehen und in Ringe schneiden.

- Aus 4 EL Wasser, Essig, Öl, Salz und Pfeffer eine Marinade rühren und über die Zutaten geben. Alles mischen und etwas ziehen lassen. Die Tomaten abspülen, putzen, achteln und den Käsesalat damit garnieren. Vor dem Servieren mit Dill bestreuen.

Nährwerte pro Portion
230 kcal • 15 g E • 21 g F • 4 g KH • 1 g Ba • 11 mg Harnsäure

Duftet wunderbar

Chinakohl-Orangen-Salat

Für 2 Personen • gelingt leicht
20 Min.

1 EL Sesamsamen • 1 kleine rote Zwiebel • 100 g Schmand oder saure Sahne • 1 Msp. Anis, gemahlen • 1 Msp. Piment, gemahlen • Pfeffer, frisch gemahlen • 1 kleiner Chinakohl (200 g) • 1 Orange • ½ Bund Radieschen

- Sesam ohne Fett leicht rösten und abkühlen lassen. Aus Schmand und den Gewürzen ein Dressing rühren. Die Zwiebel fein würfeln und mit dem Sesam zum Dressing geben.

- Chinakohl vierteln, waschen, den Strunk entfernen und in feine Streifen schneiden. Die Orange filetieren mit allen anderen Zutaten vermischen. Die Radieschen waschen, putzen und in Scheiben oder feine Streifen schneiden und alles miteinander vermischen.

Variante Statt Chinakohl können Sie auch Eisbergsalat verwenden.

Nährwerte pro Portion
230 kcal • 5 g E • 18 g F • 10 g KH • 5 g Ba • 36 mg Harnsäure

Passt gut zu knackigen Blattsalaten

Joghurt-Dressing

Für 4 Personen • geht schnell
5 Min.

200 g fettarmer Joghurt • 2 EL Mayonnaise (50% Fett) • 1 EL Meerrettich • 1 TL Dijonsenf • 1 EL gehackte Petersilie • 1 TL gehackter Dill • Salz • Pfeffer, frisch gemahlen

- Joghurt und Mayonnaise gut miteinander verrühren.

- Meerrettich, Senf, gehackte Petersilie, Dill, Salz und Pfeffer dazugeben und alles gut vermischen.

Variante Anstelle von Petersilie und Dill können Sie auch fein gehackte Minze oder Schnittlauchröllchen verwenden.

Nährwerte pro Portion
55 kcal • 2 g E • 4 g F • 3 g KH • 0 g Ba • weniger als 5 mg Harnsäure

Prima zu Brunnenkresse

Senf-Dressing

Für 4 Personen • geht schnell
5 Min.

1 Knoblauchzehe • 4 EL Zitronensaft • 2 EL milder Essig • 1 EL milder Senf • 3 EL Gemüsebrühe (hefefrei) • 1 TL Honig • 4 EL fettarmer Joghurt • Salz • Pfeffer, frisch gemahlen

- Knoblauch abziehen. Zitronensaft, Essig und Senf kräftig verrühren. Die Gemüsebrühe nach und nach unterschlagen.

- Den Knoblauch zerdrücken und den Honig und den Joghurt hinzufügen und alles gut miteinander mischen. Mit Salz und Pfeffer kräftig abschmecken.

Das passt dazu Blattsalate und Rohkost.

Nährwerte pro Portion
36 kcal • 1 g E • 1 g F • 5 g KH • 0 Ba • weniger als 5 mg Harnsäure

Perfekt zu Endiviensalat

Balsamico-Vinaigrette

Für 4 Personen • geht schnell
5 Min.

1 EL Kräuteressig • 1 EL weißer Aceto balsamico • Salz • Cayennepfeffer • 1 Prise Zucker • 6 EL Olivenöl • 5 schwarze Oliven

- Essig, Aceto balsamico, Salz, Pfeffer und 1 Prise Zucker verrühren.

- Das Öl langsam unterschlagen.

- Oliven entsteinen, fein hacken und dem Dressing untermengen.

Nährwerte pro Portion
155 kcal • 0 g E • 17 g F • 0 g KH • 0 g Ba • weniger als 5 mg Harnsäure

Indischer Gemüsedip

Zu gegrilltem Fleisch oder Gemüse

Minz-Joghurt-Sauce

Für 4 Personen • geht schnell
10 Min.

1 großer Bund frische Minze • 300 g Naturjoghurt • Zitronensaft • Salz • Cayennepfeffer

- Minze abbrausen, abzupfen und mit dem Joghurt im Mixer pürieren.

- Mit Zitronensaft, Salz und Cayennepfeffer abschmecken.

Tipp Die Sauce gut kühlen und zu Grillfleisch oder auch Fisch servieren.

Nährwerte pro Portion
46 kcal • 3 g E • 3 g F • 3 g KH • 0 g Ba • 0 g Harnsäure

Toll zu gegrilltem Hähnchenfleisch

Indischer Gemüsedip

Für 4 Personen • preisgünstig
15 Min.

1 mittelgroße Zwiebel • 1 Knoblauchzehe • 1 Stück frischer Ingwer • 1 kleine Salatgurke (ca. 200 g) • 1 große Fleischtomate (ca. 250 g) • Saft von 1 Zitrone • Salz • Pfeffer, frisch gemahlen • Kreuzkümmel • Cayennepfeffer

- Zwiebel, Knoblauch und Ingwer schälen und sehr fein hacken. Die Gurke heiß waschen und klein würfeln. Die Tomate kochend heiß überbrühen, häuten, entkernen und in kleine Würfel schneiden.

- Alles mit dem Zitronensaft mischen und mit Salz, Pfeffer, etwas Kreuzkümmel und Cayennepfeffer würzen.

Nährwerte pro Portion
37 kcal • 1 g E • 0 g F • 4 g KH • 0 g Ba • 9 mg Harnsäure

Köstlich mit frischem Steinofenbrot

Liptauer Käse

Für 4 Personen • geht schnell
⏲ 10 Min.

4 EL Butter • 120 g Magerquark • 4 EL fettarme Milch • 4 EL fettarmer Joghurt • 120 g reifer Camembert (45 %) • 2 mittelgroße Zwiebeln • Salz • Pfeffer, frisch gemahlen • Paprikapulver

- Butter schaumig rühren, Quark, Milch und Joghurt dazugeben und gut verrühren. Camembert mit einer Gabel fein zerdrücken. Die Zwiebeln abziehen.

- Eine Zwiebel fein würfeln und zusammen mit dem Camembert zu der Quarkmasse geben und unterrühren.

- Die andere Zwiebel in dünne Ringe schneiden und den Liptauer Käse damit garnieren. Mit Salz, Pfeffer und Paprikapulver abschmecken.

Nährwerte pro Portion
202 kcal • 12 g E • 15 g F • 4 g KH • 1 g Ba • 14 mg Harnsäure

Mit erstklassigen Zutaten herrlich

Tomatenbrot

Für 1 Person • preisgünstig
⏲ 10 Min.

1 Scheibe Roggenvollkornbrot • ½ EL Margarine oder Butter • 1 kleine Tomate • gehackte Kräuter (Schnittlauch, Basilikum)

- Brot mit Margarine bestreichen. Tomate abspülen und den Stielansatz herausschneiden.

- Die Tomate waschen, in Scheiben schneiden und auf das Brot legen. Mit gehackten Kräutern bestreuen.

Nährwerte pro Portion
138 kcal • 4 g E • 5 g F • 20 g KH • 5 g Ba • 31 mg Harnsäure

Pikante Schärfe durch Kresse

Kräuter-Quark-Creme

Für 4 Personen • preisgünstig
⏲ 10 Min.

200 g Quark (20 % Fett) • 160 g Joghurt • 8 EL Milch • 2 EL Rapsöl • 4 EL fein gehackte Petersilie • 2 EL Schnittlauchröllchen • 1 Kressekästchen • Salz

- Den Quark mit Joghurt, Milch und dem Öl cremig rühren und die Petersilie und Schnittlauchröllchen dazugeben.

- Die Kresse kurz abbrausen, abtropfen lassen, mit einer Küchenschere abschneiden und unter die Creme rühren. Mit Salz pikant abschmecken.

Nährwerte pro Portion
144 kcal • 8 g E • 10 g F • 5 g KH • 1 g Ba • weniger als 5 mg Harnsäure

Deftige Brotzeit zum Mitnehmen

Biergarten-Brotzeit

Für 1 Person • gelingt leicht
⏲ 20 Min.

¼ Rettich • Salz • Pfeffer, frisch gemahlen • 1 Ei • 2 Scheiben Vollkornbrot • 1 EL Margarine oder Butter • 2 Salatblätter • 1 EL Schnittlauchröllchen • 1 EL Kapern

- Rettich putzen, abspülen, fein raspeln oder schneiden. Salzen und kurz ziehen lassen. Das Ei hart kochen, abschrecken, pellen und in Scheiben schneiden.

- Die Brotscheiben mit Margarine oder Butter bestreichen und die Salatblätter darauflegen. Eine Brotscheibe mit Ei belegen, mit wenig Salz bestreuen und mit Schnittlauchröllchen und Kapern garnieren.

- Die andere Brotscheibe mit dem abgetropften Rettich anrichten, pfeffern und mit Schnittlauchröllchen bestreuen.

Nährwerte pro Portion
369 kcal • 16 g E • 16 g F • 40 g KH • 11 g Ba • 67 mg Harnsäure

« Die Paprikaschoten gründlich waschen und je nach Größe halbieren oder vierteln. Die Kerne und Rippen herausschneiden.

« Paprikastücke mit der Hautseite auf ein Backblech legen und mit Öl bepinseln. Unter dem vorgeheizten Grill ca. 10 Min. rösten.

« Wenn die Haut Blasen wirft und schwarz wird, die Paprikaschoten aus dem Ofen nehmen und mit einem feuchten Tuch abdecken.

« Die Paprikaschoten unter dem feuchten Küchentuch abkühlen lassen. Anschließend die Haut mit einem Messer abziehen.

Tipp Roter Spitzpaprika hat ein ganz besonders feines Aroma: leicht süß, was perfekt zu Ziegenkäse oder Schafskäse passt.

Für laue Sommerabende

Marinierte Paprika mit Ziegenkäse

Für 2 Personen • gelingt leicht
25 Min. + 20 Min. Backzeit

2 rote Paprikaschoten • 2 Schalotten • 3 EL Sherryessig • ½ TL süßer Senf • 2½ TL Honig • Pfeffer • 3 EL Olivenöl • 2 junge Ziegenkäsetaler (z. B. Crottin de Chavignol) • 4 Scheiben Baguette (je 2 cm dick)

- Paprika waschen, längs vierteln, entkernen und mit der Haut nach oben auf ein Backblech legen. Paprika leicht einölen.

- Paprika unter dem vorgeheizten Grill auf der obersten Schiene 8 – 12 Min. rösten, bis die Haut schwarze Blasen wirft. Dann aus dem Ofen nehmen und mit einem feuchten Küchentuch 10 Min. abdecken. Anschließend die Paprikastücke häuten.

- Für die Marinade die Schalotten fein würfeln und mit Essig, Senf, Honig, Pfeffer und Olivenöl verrühren. Käse waagerecht halbieren und je einen halben Käsetaler auf eine Baguettescheibe legen. Mit je ½ TL Honig beträufeln.

- Die Ziegenkäsetaler auf einem Blech unter dem vorgeheizten Backofengrill auf der 2. Schiene von oben 2 – 3 Min. überbacken.

- Gehäutete Paprika auf Teller verteilen, mit der Marinade beträufeln und mit den Ziegenkäsebaguettes servieren.

Variante Fenchel putzen, schälen und fein hobeln. Fenchel mit 2 EL Marinade mischen und zum Paprika servieren.

Nährwerte pro Portion
570 kcal • 20 g E • 32 g F • 46 g KH • 7 g Ba • 58 mg Harnsäure

Prima Essen für Gäste

Lauchquiche

Für 6 Personen • gut vorzubereiten
1 Std. 30 Min. + 50 Min. Backzeit

Mürbeteig: 200 g Weizenmehl Type 550 • 1 Ei • Salz • 5 EL Milch • 80 g kalte Butter • Butter für die Form
Belag: 400 g Lauch • 100 g Speckwürfel • Pfeffer, frisch gemahlen • Muskatnuss, frisch gerieben • Kümmel • 150 g Sahne • 3 Eier • 80 g geriebener Emmentaler • Salz

- Aus den Zutaten für den Mürbeteig einen glatten Teig kneten, ausrollen und damit eine gefettete Quicheform auslegen. Mindestens eine halbe Stunde kühl stellen.

- Den Lauch gründlich waschen und klein schneiden. Den Speck würfeln und in einer beschichteten Pfanne ohne Fett anbraten. Ist der Speck ausgelassen, das Fett anschließend abschütten. Den Lauch dazugeben und kurz dünsten. Mit Pfeffer, Muskat und Kümmel würzen.

- Lauch und Speck auf dem Quicheboden verteilen. Sahne, Eier und Käse mischen, mit Salz und Pfeffer pikant würzen und über die Lauch-Speck-Mischung gießen. Die Lauchquiche im vorgeheizten Backofen bei 200 Grad (Umluft 180 Grad) etwa 50 Min. backen.

Tipp Damit ein Großteil des Fetts aus dem Speck herausbrät, gibt man ihn in eine beschichtete Pfanne und erhitzt ihn ohne weitere Fettzugabe bei mittlerer Hitze. Wenn die Speckwürfel hellbraun gebraten sind, herausnehmen und das überschüssige Fett auf einem mit Küchenpapier ausgelegten Teller abtropfen lassen.

Nährwerte pro Portion
520 kcal • 16 g E • 38 g F • 27 g KH • 3 g Ba • 45 mg Harnsäure

Mit feinen Tomatenwürfeln und Basilikum

Bruschetta

Für 2 Personen • gelingt leicht
15 Min.

2 Tomaten • 10 Blätter Basilikum • 2 EL Olivenöl • Salz • Pfeffer, frisch gemahlen • 1 kleines Baguette (100 g) • 1 Knoblauchzehe

- Die Tomaten waschen, putzen und in kleine Würfel schneiden. Die Basilikumblätter waschen, in feine Streifen schneiden und mit dem Olivenöl zu den Tomaten geben. Mit 1 Prise Salz und Pfeffer würzen und gut vermischen.

- Das Baguette in Scheiben schneiden und unter dem vorgeheizten Grill im Backofen anrösten. Eine Knoblauchzehe abziehen und halbieren. Den Knoblauch mit der Schnittseite nach unten über die angerösteten Brotscheiben reiben.

- Die Baguttescheiben mit der Tomaten-Basilikum-Olivenöl-Mischung belegen. Sofort und noch warm essen!

Variante Liebhaber variieren den Snack auch mit in Olivenöl oder Butter angebratenen Steinpilzen, Bohnenpüree oder Büffel-Mozzarella.

Nährwerte pro Portion
225 kcal • 5 g E • 13 g F • 30 g KH • 3 g Ba • 28 mg Harnsäure

» Lauchquiche

Köstlich mit Pesto

Baguette mit Schafskäse

Für 2 Personen • gut vorzubereiten
25 Min.

20 g Pinienkerne • 10 Blätter Basilikum • 30 g getrocknete Tomaten • 1 EL Zitronensaft • 2 EL Olivenöl • Pfeffer • 2 Frühlingszwiebeln • 160 g Schafskäse • 1 Körnerbaguette (200 g) • 2 EL Frischkäse • 4 Blätter Kopfsalat

- Die Pinienkerne in einer Pfanne ohne Fett anrösten. Basilikumblätter abzupfen und grob hacken. Die getrockneten Tomaten fein würfeln.

- Pinienkerne, Tomaten, Basilikum, Zitronensaft und Olivenöl fein pürieren. Mit Pfeffer würzen. Frühlingszwiebeln putzen und schräg in feine Scheiben schneiden. Den Schafskäse in Scheiben schneiden.

- Das Baguette zuerst quer halbieren, dann längs halbieren und die Schnittflächen mit Frischkäse und dem Pesto bestreichen. Die untere Hälfte mit Salatblättern und Schafskäse belegen. Die Frühlingszwiebeln darüber verteilen und mit der oberen Baguettehälfte bedecken.

Variante Alternative Füllungen sind: Feigensenf, Blauschimmelkäse, Walnüsse und reife Birnen, Roastbeef mit Meerrettichsahne, Kresse und Radieschen oder Räucherfisch mit rohen Paprikastreifen und Basilikum.

Tipp Besonders herzhaft schmecken belegte Brötchen, wenn man statt Weizenbaguette Roggenbrötchen, Körnerbrötchen oder andere Sorten verwendet.

Nährwerte pro Portion
670 kcal • 26 g E • 37 g F • 56 g KH • 5 g Ba • 97 mg Harnsäure

Eignet sich prima fürs Büro

Baguette mit Huhn

Für 2 Personen • gut vorzubereiten
10 Min. + 35 Min. Garzeit

1 Hühnerbrustfilet ohne Haut • Salz • Pfeffer, frisch gemahlen • 2 Stangen Staudensellerie • 10 Blätter Basilikum • 2 EL Mayonnaise • 2 EL frisch geriebener Parmesan • 1 Stück frisches Baguette (200 g)

- Den Backofen auf 190 Grad (Umluft 170 Grad) vorheizen. Die Hühnerbrust waschen, trocken tupfen und mit Salz und Pfeffer würzen. Anschließend bei 190 Grad im Backofen 35 Min. garen, bis die austretende Flüssigkeit klar ist. Abkühlen lassen und anschließend in Würfel schneiden.

- Staudensellerie waschen, putzen und in feine Würfel schneiden. Basilikum waschen und fein schneiden. Sellerie und Basilikum mit der Mayonnaise vermischen. Huhn und Parmesan zugeben, untermengen und abschmecken.

- Den Hähnchenaufstrich bis zum Servieren in den Kühlschrank stellen. Mit frischem Baguette genießen.

Variante Mit Frischkäse statt Mayonnaise wird die Füllung leichter – und kalorienarmer.

Nährwerte pro Portion
618 kcal • 35 g E • 29 g F • 52 g KH • 4 g Ba • 75 mg Harnsäure

» Baguette mit Schafskäse

Hauptgerichte

Edle Vorspeise oder herbstlicher Hauptgang

Waldpilzrisotto

Für 4 Personen • braucht etwas mehr Zeit
10 Min. + 30 Min. Garzeit

300 g Arborio-Reis • 1 mittelgroße weiße Zwiebel • 1 Knoblauchzehe • 4 EL Olivenöl • 900 ml Gemüsebrühe (hefefrei) • Salz • Pfeffer, frisch gemahlen • 150 g frische Steinpilze • 150 g frische Pfifferlinge • 150 g frische Kräuterseitlinge • 3 frische Thymianzweige • Saft von ½ Biolimette • 1 TL gehackte Petersilie • Parmesan oder Pecorino

- Zwiebel und Knoblauch schälen, fein hacken und in 3 EL Olivenöl hellgelb andünsten. Den Reis waschen, gut abtropfen lassen, dazugeben und andünsten, aber nicht bräunen.

- Salz, Pfeffer dazugeben, mit 500 ml Brühe aufgießen und zugedeckt köcheln lassen, bis die Flüssigkeit verdampft ist – dabei öfter umrühren und bei Bedarf die restliche Brühe angießen.

- Die Pilze mit einem feuchten Tuch abreiben oder ganz kurz mit kaltem Wasser waschen. Größere Pilze halbieren oder vierteln. 1 EL Olivenöl erhitzen, die Pilze darin scharf anbraten, mit Thymian und Limettensaft abschmecken.

- Die Flüssigkeit reduzieren und die Pilzmischung in das fast fertige Risotto geben, gut umrühren und gar ziehen lassen. Mit Petersilie bestreuen und das Risotto mit grob geriebenem Parmesan oder Pecorino servieren.

Nährwerte pro Portion
470 kcal • 9 g E • 22 g F • 58 g KH • 9 g Ba • 84 mg Harnsäure

Einfache, aber feine alpenländische Küche

Käsenockerl

Für 4 Personen • preisgünstig
15 Min. + 8 Min. Garzeit

4 EL Butter • 8 EL Mehl • 2 Eier • 100 g geriebener Emmentaler • Salz • Pfeffer, frisch gemahlen • Muskatnuss, frisch gerieben

- Butter mit 4 EL Wasser zum Kochen bringen. Mehl auf einmal einstreuen und so lange rühren, bis sich ein Teigkloß bildet. Sobald er sich vom Topfboden löst, den Topf von der Kochstelle nehmen.

- Die Eier und den geriebenen Käse nach und nach unter den Teig rühren, mit den Gewürzen abschmecken und erkalten lassen. Salzwasser zum Kochen bringen, mit einem Esslöffel Nockerl vom Teig abstechen und diese in etwa 8 Min. gar ziehen lassen.

Das passt dazu Tomatensauce, Gemüse oder Blattsalat.

Tipp Für 2 Personen als Hauptgericht und für 4 Personen als Vorspeise ausreichend.

Nährwerte pro Portion
283 kcal • 13 g E • 19 g F • 15 g KH • 1 g Ba • 13 mg Harnsäure

Das perfekte Essen für Gäste

Gemüsegratin

Für 4 Personen • gut vorzubereiten
20 Min. + 25 Min. Garzeit

4 kleine Karotten • 1 kleine Lauchstange • 3/4 l Gemüsebrühe (hefefrei) • 1/2 kleiner Blumenkohl • 4 Tomaten • Salz • 8 EL Mehl • 4 EL Olivenöl • 1/8 l Milch • 4 Eier • 8 EL Emmentaler Käse (45 % Fett) • frisch geriebene Muskatnuss

- Das Gemüse abspülen und die Karotten schälen und klein würfeln. Den Lauch der Länge nach aufschneiden, gründlich abspülen und in feine Streifen schneiden. Blumenkohl in kleine Röschen teilen.

- Das Gemüse in wenig Gemüsebrühe nicht noch bissfest garen. Danach die Flüssigkeit abgießen und dabei auffangen. Das Gemüse in eine gefettete Auflaufform füllen. Die Tomaten abspülen, putzen, in kleine Würfel schneiden und über dem Gemüse verteilen.

- Mehl im Öl lichtgelb rösten, mit der Gemüsebrühe und Milch ablöschen und etwa 5 Min. köcheln lassen.

- Die Eier trennen. Eiweiß kalt stellen. Den Käse reiben. Die Sauce mit Eigelb legieren, den Käse unterrühren und mit Muskat abschmecken. Das Eiweiß zu steifem Schnee schlagen und unter die Sauce ziehen. Das Gemüse mit der Sauce überziehen und bei mittlerer Hitze im Backofen etwa 20 Min. überbacken.

Das passt dazu Petersilienkartoffeln.

Nährwerte pro Portion
346 kcal • 16 g E • 21 g F • 22 g KH • 5 g Ba • 57 mg Harnsäure

« Vegetarischer Burger

Schmeckt Kindern hervorragend

Vegetarischer Burger

Für 2 Personen • braucht etwas mehr Zeit
45 Min. + 15 Min. Bratzeit

1 kleine Salatgurke • 4 Radieschen • 2 Kopfsalatblätter oder Chinakohlsalatblätter • 2 Roggen- oder Weizenbrötchen • 1 kleine Zwiebel • 1 kleine Stange Lauch • 1 große Kartoffel • 1 Karotte • 1 kleine Zucchini • 1 Kästchen Kresse • 1 Ei • 2 EL feine Haferflocken • Pfeffer, frisch gemahlen • 2 Msp. Paprikapulver, edelsüß • Salz • Thymian • Rosmarin • 2 EL Sonnenblumenöl

- Die Gurke, Radieschen und Salatblätter putzen. Die Gurken und Radieschen in Scheiben schneiden. Die Brötchen aufschneiden und alles beiseitestellen.

- Die Zwiebel abziehen und in feine Würfel schneiden. Die Kartoffeln und die Karotte waschen, schälen und grob raspeln. Die Zucchini ebenfalls raspeln. Den Lauch waschen und in feine Ringe schneiden. Das ganze Gemüse, die Kresse, das Ei, die Haferflocken, Gewürze und Kräuter gut vermengen und pikant abschmecken.

- In einer Pfanne das Öl erhitzen. Mit angefeuchteten Händen aus der Masse 1–2 Bratlinge pro Person formen und von beiden Seiten langsam in ca. 7 Min. goldbraun braten. Am Tisch die Unterseite der Brötchen mit dem Salat und Gemüse belegen und die Pattys daraufsetzen. Mit der Oberseite zuklappen und servieren.

Tipp Falls die Frikadellen (Pattys) zu nass sind, geben Sie etwas Semmelbrösel oder ein paar Haferflocken dazu.

Nährwerte pro Portion
410 kcal • 13 g E • 17 g F • 47 g KH • 10 g Ba • 55 mg Harnsäure

Schön exotisch mit Koriander

Tagliatelle mit Zucchini

Für 4 Personen • gelingt leicht
15 Min. + 15 Min. Garzeit

250 g Tagliatelle • 1 mittelgroße gelbe Zucchini • 1 mittelgroße grüne Zucchini • 1 Bund Koriander • 1 mittelgroße Zwiebel • 2 EL Butter • 1 EL Currypulver • 150 g Sauerrahm • Salz • Pfeffer, frisch gemahlen • 2 EL Zitronensaft

● Die Nudeln in reichlich kochendem Salzwasser al dente kochen. Die Zucchini abspülen, putzen und in feine Streifen schneiden. Den Koriander fein hacken. Die Zwiebel abziehen, fein hacken und in der Butter glasig dünsten. Die Zucchinistreifen zufügen und bei mittlerer Hitze etwa 5 Min. mitdünsten. Das Currypulver darüberstäuben und kurz mitdünsten.

● Den Sauerrahm unterrühren und einmal aufkochen lassen. Die Sauce mit Salz, Pfeffer und Zitronensaft kräftig abschmecken. Die Nudeln unterrühren und die Korianderblättchen darüberstreuen.

Nährwerte pro Portion
332 kcal • 11 g E • 10 g F • 48 g KH • 5 g Ba • 60 mg Harnsäure

Ganz simpel, aber mit Pfiff

Basilikum-Walnuss-Pasta

Für 4 Personen • gelingt leicht
15 Min. + 10 Min. Garzeit

400 g dünne Bandnudeln • Salz • Pfeffer, frisch gemahlen • 2 Bund Basilikum • 125 ml Gemüsebrühe (hefefrei) • 2 Knoblauchzehen • 15 EL geriebener Parmesan • 1 EL grob gehackte Walnüsse

● Die Nudeln in sprudelnd kochendem Salzwasser al dente kochen. Das Basilikum zupfen und in Streifen schneiden. Die Gemüsebrühe in einem Topf zum Kochen bringen. Knoblauch abziehen, fein hacken und hinzufügen. Unter Rühren 2 Min. kochen. ¼ l vom Kochwasser der Nudeln abmessen und zu der Brühe gießen. Die Nudeln in ein Sieb abgießen und in eine große Schüssel geben.

● Die Knoblauchbrühe, die Basilikumstreifen und den Pfeffer über die Nudeln geben und alles gut vermischen. Mit Parmesan und mit grob gehackten Walnusskernen bestreuen und sofort servieren.

Variante Verwenden Sie anstelle normaler Nudeln Vollkornnudeln. Sie sind etwas herzhafter und liefern viele gesunde Ballaststoffe.

Nährwerte pro Portion
560 kcal • 21 g E • 21 g F • 71 g KH • 6 g Ba • 67 mg Harnsäure

Bon appétit!

Provençalische Nudelpfanne

Für 4 Personen • braucht etwas mehr Zeit
⏲ 15 Min. + 30 Min. Garzeit

400 g Penne • 2 mittelgroße Auberginen • 2 Zucchini • 2 rote Paprikaschoten • 2 Knoblauchzehen • 4 EL Olivenöl • 400 ml Gemüsebrühe (hefefrei) • 300 ml Tomatensaft • Salz • Pfeffer, frisch gemahlen • Oregano • Rosmarin

- Die Nudeln in reichlich Salzwasser al dente koche. Das Gemüse abspülen, Auberginen und Zucchini längs halbieren, in 1 cm breite Streifen und dann in 2 cm lange Stücke schneiden. Paprikaschoten halbieren, entkernen, Rippen entfernen und in etwa 1 cm große Würfel schneiden. Knoblauch abziehen, in dünne Scheiben schneiden und im Öl glasig dünsten.

- Das Gemüse dazugeben und andünsten, mit Gemüsebrühe und Tomatensaft aufgießen, Salz, Pfeffer und die Kräuter dazugeben und fertig garen. Die Nudeln zum Gemüse geben, kurz erwärmen und pikant abschmecken.

Nährwerte pro Portion
494 kcal • 15 g E • 14 g F • 76 g KH • 9 g Ba • 96 mg Harnsäure

Einfach köstlich

Maccheroni ai funghi

Für 4 Personen • gelingt leicht
10 Min. + 20 Min. Garzeit

400 g kurze Maccheroni • 600 g gemischte Pilze • 3 TL Zitronensaft • 2 mittelgroße Zwiebeln • 4 EL Sonnenblumenöl • 400 ml Gemüsebrühe (hefefrei) • 4 EL Sauerrahm • Salz • Pfeffer, frisch gemahlen • 2 EL gehackte Petersilie

- Die Nudeln in sprudelnd kochendem Salzwasser al dente kochen. Pilze mit einem feuchten Tuch abreiben, putzen, in feine Scheiben schneiden und mit 1 TL Zitronensaft beträufeln. Zwiebeln abziehen, in kleine Würfel schneiden. Pilze und Zwiebeln im Öl glasig dünsten. Gemüsebrühe und Sauerrahm hinzufügen und bei mittlerer Hitze cremig einkochen lassen. Mit Zitronensaft, Salz und Pfeffer würzen.

- Die Nudeln in einer vorgewärmten Schüssel mit der Pilzsauce mischen. Auf Teller portionieren und vor dem Servieren mit etwas Petersilie bestreuen.

Nährwerte pro Portion
490 kcal • 17 g E • 15 g F • 72 g KH • 9 g Ba • 214 mg Harnsäure

« Allgäuer Käsespätzle

Bei allen beliebt

Fettuccine al pomodoro

Für 4 Personen • preisgünstig
20 Min. + 50 Min. Garzeit

200 g Karotten • 1 mittelgroße rote Zwiebel • 1 Knoblauchzehe • 150 g Staudensellerie • 600 g Tomaten • 4 EL Olivenöl • 2 EL Tomatenmark • Salz • Pfeffer, frisch gemahlen • ½ TL edelsüßes Paprikapulver • ¼ l Gemüsebrühe (hefefrei) • frisches Basilikum • 400 g Fettuccine

- Die Karotten schälen, die Staudensellerie waschen und die Fäden entfernen. Die Karotten und die Sellerie der Länge nach in feine, etwa 2–3 mm dicke Streifen schneiden. Die Gemüsestreifen in Würfelchen schneiden und im Öl 20 Min. andünsten.

- Die Tomaten überbrühen, häuten und vierteln. Tomatenmark und Tomatenviertel hinzufügen und mit Salz, Pfeffer und Paprikapulver würzen. Die Gemüsebrühe zugeben und zugedeckt etwa 30 Min. köcheln lassen. In der Zwischenzeit die Nudeln al dente garen, abgießen und mit der Sauce und frischen Basilikumblättchen servieren.

Nährwerte pro Portion
437 kcal • 17 g E • 13 g F • 80 g KH • 8 g Ba • 87 mg Harnsäure

Auch für Ungeübte

Allgäuer Käsespätzle

Für 4 Personen • preisgünstig
35 Min. + 5 Min. Garzeit

400 g Mehl • 4 Eier • Salz • Pfeffer, frisch gemahlen • 4 EL geriebener Emmentaler • 1 mittelgroße Zwiebel • 4 EL Butter

- Mehl, Eier, Salz, Pfeffer und 125 ml Wasser zu einem Teig rühren. Mit dem Holzlöffel so lange schlagen, bis er Blasen wirft. Reichlich Salzwasser zum Kochen bringen. Teig nach und nach durch eine großlöcherige Siebschüssel streichen oder durch den Spätzleshobel in das kochende Wasser drücken.

- Nach kurzem Aufkochen die Spätzle mit einem Schaumlöffel herausnehmen und schichtweise abwechselnd mit dem Käse in eine Auflaufform geben. Die Zwiebel abziehen, halbieren und in feine Scheiben schneiden, in der Butter hell anrösten und über die Spätzle verteilen.

Variante Anstelle von Weizenmehl Type 405 können Sie auch Weizenmehl Type 1050 verwenden. Der Teig braucht dann etwas mehr Wasser.

Nährwerte pro Portion
602 kcal • 25 g E • 24 g F • 72 g KH • 4 g Ba • 48 mg Harnsäure

like
des of
orange,
centres

« Gekochte Kartoffeln pellen und in einen Topf geben.

« Die Kartoffeln mit einem Stampfer zerdrücken und anschließend durch eine Kartoffelpresse drücken.

« Eigelb, Butter, Käse und den Kerbel zur Kartoffelmasse geben und alles miteinander vermengen.

« Die Kartoffelmasse auf zwei große, gefettete Tassen aufteilen.

Soufflé ist ein zarter, lockerer Auflauf

Kartoffelsoufflé

Für 2 Personen • braucht etwas mehr Zeit
⏲ 45 Min. + 25 Min. Backzeit

400 g mehlig kochende Kartoffeln • 2 Eier • 40 g geriebener Emmentaler • 1 Handvoll Kerbelblättchen, gehackt • 30 g weiche Butter • Salz • Pfeffer, frisch gemahlen • frisch geriebener Muskat • Kerbelblättchen zum Garnieren

- Kartoffeln waschen und 20–25 Min. weich kochen. Die Kartoffeln abgießen, ausdampfen lassen, schälen und durch die Kartoffelpresse drücken. Die Eier trennen und das Eiweiß steif schlagen. Den Backofen auf 200 Grad (Umluft 180 Grad) vorheizen.

- Eigelb, Käse, gehackten Kerbel und Butter zur Kartoffelmasse geben und verrühren. Mit Salz, Pfeffer und Muskat gut abschmecken und das Eiweiß vorsichtig unterheben. Die Kartoffelmasse in 2 große gefettete, ofenfeste Förmchen füllen.

- Die Förmchen in eine feuerfeste Form stellen und mit so viel kochendem Wasser umgießen, dass sie gut zur Hälfte im Wasserbad stehen. Die Kartoffelsoufflés sofort im 200 Grad heißen Backofen auf der 2. Schiene von unten etwa 20 Min. backen. Währenddessen den Backofen zwischendurch nicht öffnen!

- Das Soufflé mit Kerbelblättchen garnieren und sofort servieren, denn es fällt schnell in sich zusammen.

Das passt dazu Mit einem Blattsalat ein kleines Hauptgericht. Aber auch gut als Beilage zu Fleisch oder Fisch.

Nährwerte pro Portion
425 kcal • 17 g E • 25 g F • 30 g KH • 4 g Ba • 33 mg Harnsäure

Schön herzhaft und sättigend

Getreideeintopf

Für 4 Personen • braucht etwas mehr Zeit
⏲ 1 Std. 20 Min. + 12 Std. Einweichzeit

80 g Roggen, ganz • 80 g Weizen, ganz • 1200 ml Gemüsebrühe (hefefrei) • 1 mittelgroße Lauchstange • 4 kleine Karotten • 1 kleine Sellerieknolle • 300 g Kartoffeln • 1 mittelgroße Zwiebel • 4 EL Rapsöl • 200 g Brokkoliröschen (tiefgekühlt) • 200 g Erbsen (tiefgekühlt) • 8 EL Vollkornreis • Salz • Pfeffer, frisch gemahlen • etwas Koriander, gemahlen • Muskatnuss, frisch gerieben • 4 EL Petersilie

- Roggen- und Weizenkörner in reichlich Wasser über Nacht quellen lassen. Vor der Zubereitung das Wasser abgießen und das Getreide abtropfen lassen. Die Getreidekörner in einen Topf geben, mit 400 ml Gemüsebrühe aufgießen und bei mittlerer Hitze ca. 40 Min. weich kochen.

- Den Lauch putzen, der Länge nach aufschneiden und gründlich abspülen. Karotten, Sellerieknolle und Kartoffeln abspülen, schälen und in Würfel schneiden. Die Zwiebel abziehen und klein würfeln.

- Öl in einem großen Topf erhitzen, die Zwiebelwürfel darin glasig dünsten, alle Gemüsesorten und den Reis hinzugeben und mit andünsten.

- Das Gemüse salzen und mit den Gewürzen abschmecken. Die restliche Gemüsebrühe dazugießen und etwa 20 Min. kochen lassen. Das gegarte Getreide in den Eintopf rühren und mit Petersilie bestreut servieren.

Nährwerte pro Portion
401 kcal • 13 g E • 12 g F • 60 g KH • 13 g Ba • 198 mg Harnsäure

Pichelsteiner braucht kein Fleisch

Pichelsteiner

Für 4 Personen • braucht etwas mehr Zeit
⏲ 20 Min. + 20 Min. Garzeit

1,2 kg Kartoffeln • 4 mittelgroße Karotten • 1 kleine Sellerieknolle • 1 mittelgroßer Weißkohl • 2 mittelgroße Lauchstangen • 1 mittelgroße Zwiebel • 4 EL Olivenöl • Salz • Pfeffer, frisch gemahlen • frisch geriebene Muskatnuss • 1 l Gemüsebrühe (hefefrei) • 4 EL gehackte Kräuter (tiefgekühlt)

- Kartoffeln, Karotten und Sellerieknolle abspülen, schälen und in Würfel schneiden. Den Weißkohl vierteln, den harten Strunk entfernen und in dünne Streifen schneiden. Den Lauch putzen, der Länge nach aufschneiden, gründlich abspülen und in Streifen schneiden.

- Die Zwiebel abziehen und fein würfeln. Das Öl in einem großen Topf erhitzen, die Zwiebelwürfel glasig andünsten, das Gemüse und die Kartoffeln dazugeben, umrühren und mit Salz, Pfeffer und Muskat würzen.

- Die Gemüsebrühe angießen und den Pichelsteiner im geschlossenem Topf zu Ende garen. Vor dem Servieren die gehackten Kräuter dazugeben.

Variante Sie können anstelle von frischem Gemüse auch tiefgefrorenes Gemüse verwenden. Der Weißkohl lässt sich auch durch Chinakohl ersetzen. Und bei den Kräutern stehen Ihnen verschiedene tiefgekühlte Mischungen zur Verfügung. Versuchen Sie einmal Kräuter der Provence: Darunter versteht man eine Kräutermischung aus Oregano, Bohnenkraut, Thymian, Rosmarin und Majoran.

Nährwerte pro Portion
348 kcal • 9 g E • 11 g F • 51 g KH • 14 g Ba • 99 mg Harnsäure

Herbstliche Suppe mit viel Geschmack

Kürbis-Gemüse-Topf

Für 4 Personen • gelingt leicht
25 Min. + 20 Min. Garzeit

400 g Kürbis • 3 kleine Karotten • 250 g Kartoffeln • 1 kleine Lauchstange • 3 kleine Tomaten • 1 mittelgroße Zwiebel • 1 Knoblauchzehe • 2 EL Rapsöl • ½ l Gemüsebrühe (hefefrei) • Salz • Pfeffer, frisch gemahlen • 1 EL gemischte Kräuter

- Kürbis schälen, Kerne und innere Fasern mit einem Löffel herauskratzen und das Fruchtfleisch in Würfel schneiden. Die Karotten abspülen, putzen und in Scheiben schneiden. Kartoffeln abspülen, schälen und würfeln. Den Lauch der Länge nach aufschneiden, gründlich abspülen und in Ringe schneiden.

- Tomaten abspülen, vierteln und die Stielansätze herausschneiden. Zwiebel und Knoblauchzehe abziehen, fein würfeln und mit dem Kürbis und dem Gemüse im heißen Öl einige Minuten schmoren lassen. Die Brühe angießen und etwa 15 Min. bei kleiner Hitze kochen lassen.

- Etwa ein Drittel der Suppe abschöpfen, im Mixer pürieren und wieder zurück in den Topf geben. Die Suppe erhitzen, mit Salz und Pfeffer würzen und die Kräuter unterrühren.

Nährwerte pro Portion
127 kcal • 4 g E • 5 g F • 15 g KH • 4 g Ba • 29 mg Harnsäure

Vegetarisches Sommerschmorgericht

Ratatouille

Für 4 Personen • gut vorzubereiten
25 Min. + 45 Min. Garzeit

300 g Gemüsezwiebel • 3 Knoblauchzehen • 1 Aubergine (ca. 200 g) • 1 gelbe Paprikaschote • 1 rote Paprikaschote • 300 g Zucchini • 3 EL Olivenöl • Salz • Pfeffer, frisch gemahlen • 5 Zweige Thymian • 2 Zweige Rosmarin • 400 g mittelgroße Tomaten

- Die Zwiebeln und die Knoblauchzehen abziehen und klein schneiden. Aubergine, Paprikaschoten und Zucchini waschen, putzen und in mundgerechte Würfel schneiden.

- Öl in einer großen Pfanne erhitzen. Zwiebeln und Knoblauch darin bei mittlerer Hitze glasig dünsten. Auberginen, Paprika und Zucchini dazugeben, bei mittlerer Hitze anbraten. Mit Salz und Pfeffer würzen. Thymian und Rosmarin abzupfen, hacken und dazugeben.

- Tomaten kurz in kochendes Wasser geben, enthäuten, halbieren und den Stielansatz entfernen. Anschließend in Viertel schneiden und unter das Ratatouille mischen. 20 Min. schmoren lassen und pikant abschmecken.

Variante Sie können neben den bekannten Zutaten auch Sellerie, schwarze Oliven, Tofu, getrocknete Tomaten, Petersilie oder Kapern beigeben.

Tipp Ratatouille ist viel mehr als nur eine vegetarische Beilage – es ist eine reichhaltige Gemüsesauce, die hervorragend zu frischer Pasta schmeckt. Darüber hinaus kann das Ragout warm und kalt gegessen werden.

Nährwerte pro Portion
153 kcal • 5 g E • 10 g F • 12 g KH • 7 g Ba • 56 mg Harnsäure

Sättigendes Hauptgericht

Ofenkartoffeln mit Sourcream

Für 4 Personen • braucht etwas mehr Zeit
⏲ 25 Min. + 1 Std. Garzeit

4 große festkochende Kartoffeln • 2 EL Olivenöl • Fleur de sel • hitzebeständige Alufolie
Sourcream: 100 g Speisequark (20 %) • 100 g Schmand • 60 g saure Sahne • 60 g Crème fraîche • 1 EL Zitronensaft oder weißer Balsamico-Essig • Salz • Pfeffer • 1 Bund Schnittlauch

- Den Backofen auf 180 Grad (Umluft 160 Grad) vorheizen. Die Kartoffeln gründlich waschen, trocken reiben und die Schale mehrmals mit einer Gabel einstechen. Für jede Kartoffel 1 Stück Alufolie (30 × 20 cm) mit Olivenöl bepinseln und mit etwas Fleur de sel bestreuen. Kartoffeln in die Folie wickeln und im vorgeheizten Backofen bei 180 Grad auf der 2. Schiene von unten 60 Min. garen.

- Für die Sourcream Quark mit Schmand, saurer Sahne und Crème fraîche in einer Schüssel verrühren. Mit Zitronensaft, Salz und Pfeffer abschmecken. Den Schnittlauch in feine Röllchen schneiden und bis auf 1 EL alles unter die Sour Cream rühren. Zugedeckt kalt stellen.

- Kartoffeln aus dem Ofen nehmen. Folie von den Kartoffeln entfernen, Kartoffeln über Kreuz einschneiden, an den schmalen Seiten leicht andrücken, damit sie sich öffnen. Kartoffeln auf die Teller legen.

- Etwas Sourcream über die Kartoffeln geben und mit dem restlichen Schnittlauch bestreuen.

Das passt dazu Nordseekrabben, Frisée- oder Römersalat.

Nährwerte pro Portion
420 kcal • 10 g E • 20 g F • 48 g KH • 6 g Ba • 46 mg Harnsäure

Das schmeckt nach Urlaub

Mediterraner Fenchel mit Tomaten und Oliven

Für 2 Personen • gelingt leicht
⏲ 20 Min.

2 Fenchelknollen (500 g) • 2 EL Olivenöl • Salz, Pfeffer • 1 Prise Zucker • 1 Spritzer Zitronensaft • 4 Tomaten • 2 EL Olivenöl • Nadeln von 1 Rosmarinzweig • Zitronengras (nach Belieben) • Salz, frisch gemahlener Pfeffer • 100 g grüne Oliven ohne Stein

- Fenchel putzen, längs halbieren, den Strunk keilförmig herausschneiden und in 1 cm breite Spalten schneiden.

- Olivenöl in einer Pfanne erhitzen und den Fenchel darin bei sanfter Hitze 4 Min. braten. Mit Salz, Pfeffer, 1 Prise Zucker und 1 Spritzer Zitronensaft würzen. Den Fenchel bei mittlerer Hitze noch ca. 5 Min. garen.

- Tomaten ganz kurz in kochendem Wasser blanchieren, schälen und in kleine Würfel schneiden. Das Öl in einer Pfanne erhitzen. Oliven halbieren und mit Tomatenwürfeln, Rosmarin und etwas feingeschnittenem Zitronengras kurz darin anbraten. Mit Salz und Pfeffer abschmecken.

- Fenchel mit den Tomaten und Oliven auf einem Teller anrichten.

Das passt dazu Kartoffelbrei (siehe Seite 104).

Nährwerte pro Portion
320 kcal • 7 g E • 26 g F • 10 g KH • 12 g Ba • 18 mg Harnsäure

» Ofenkartoffeln mit Sourcream

Das perfekte Sommeressen

Neapolitanischer Kabeljau

Für 4 Personen • braucht etwas mehr Zeit
20 Min. + 15 Min. Garzeit

1 mittelgroße Zwiebel • 500 g Tomaten • 2 EL Olivenöl • 50 g grüne Oliven • 2 EL Kapern • 2 Chilischoten • Salz • Pfeffer, frisch gemahlen • 4 Kabeljaufilets à 150 g • 1 EL Zitronensaft

- Die Zwiebel abziehen und fein hacken. Die Tomaten mit kochend heißem Wasser überbrühen, häuten und die Stielansätze herausschneiden. Das Fruchtfleisch im Mixer oder mit dem Pürierstab pürieren. Das Öl in einer großen Pfanne erhitzen und die Zwiebel darin glasig dünsten, die Tomaten durch ein Sieb in die Pfanne zu den Zwiebeln streichen.

- Die Oliven halbieren, den Stein entfernen und mit den Kapern in die Pfanne geben. Die Chilischoten der Länge nach aufschlitzen, entkernen, gründlich ausspülen, klein schneiden und untermischen. Die Sauce etwa 5 Min. köcheln lassen, bis sie etwas eingedickt ist. Mit Salz und Pfeffer abschmecken.

- Die gesäuberten Kabeljaufilets mit dem Zitronensaft beträufeln, salzen und pfeffern. In die Sauce legen und in etwa 6–8 Min. bei schwacher Hitze zugedeckt in der Pfanne gar ziehen lassen.

Variante Frische Tomaten können Sie auch durch geschälte Tomaten aus der Dose ersetzen. Und je kleiner Kapern sind, desto besser schmecken sie.

Nährwerte pro Portion
221 kcal • 32 g E • 8 g F • 4 g KH • 2 g Ba • 184 mg Harnsäure

Auf einem Bett aus cremiger Paprikasauce

Zanderfilet auf Paprikasauce

Für 4 Personen • gelingt leicht
10 Min. + 25 Min. Garzeit

2 mittelgroße rote Paprikaschoten • 1 kleine Zwiebel oder Schalotte • 1/8 l Gemüsebrühe (hefefrei) • 4 Zanderfilets à 150 g • 3 EL Zitronensaft • Salz • Pfeffer, frisch gemahlen • 125 g Sauerrahm • etwas abgeriebene Zitronenschale • 1 EL gehackte Petersilie

- Die Paprikaschoten putzen, abspülen und in Würfel schneiden. Die Zwiebel abziehen und in kleine Würfel schneiden. Mit den Paprikaschoten und der Gemüsebrühe in eine Kasserolle geben und einmal aufkochen lassen. Alles zugedeckt bei schwacher Hitze 15 Min. garen.

- Zanderfilets mit dem Zitronensaft beträufeln und mit Salz und Pfeffer würzen. Auf das Paprikagemüse legen und zugedeckt bei schwacher Hitze etwa 10 Min. dämpfen. Fischfilets herausnehmen und auf eine vorgewärmte Platte legen. Mit etwas Sud beträufeln und warm stellen.

- Das Gemüse in einem hohen Gefäß pürieren, den Sauerrahm dazugeben und erhitzen, aber nicht aufkochen lassen. Mit Salz und Zitronenschale würzen. Über den Fisch geben und mit fein gehackter Petersilie servieren.

Das passt dazu Salzkartoffeln, gedämpfter Reis.

Variante Anstelle von Zanderfilets können Sie auch Schollenfilets verwenden.

Nährwerte pro Portion
205 kcal • 35 g E • 4 g F • 5 g KH • 2 g Ba • 204 mg Harnsäure

» Neapolitanischer Kabeljau

Ein beliebter Klassiker

Schellfisch in Senfsauce

Für 4 Personen • preisgünstig
5 Min. + 20 Min. Garzeit

4 Schellfischfilets à 150 g • 6 EL Zitronensaft • 3/4 l Gemüsebrühe (hefefrei) • 1 Lorbeerblatt • Pfefferkörner • 4 EL Butter • 4 EL Mehl • 2 EL mittelscharfer Senf • 250 ml Fischfond • Salz • 2 EL Sahne

- Die gesäuberten Fischfilets mit Zitronensaft beträufeln. Die Gemüsebrühe mit den Gewürzen und dem restlichen Zitronensaft zum Kochen bringen.

- Die Fischfilets in den Sud geben und sofort auf mittlere Hitze herunterschalten. Etwa 8 Min. ziehen lassen. Den Fisch herausnehmen und warm halten. Den Fischsud abseihen und abkühlen lassen.

- Die Butter in einem Topf erhitzen, das Mehl zugeben und in der Butter anschwitzen. Nach und nach mit dem Fischsud aufgießen, währenddessen glatt rühren und bei mäßiger Hitze etwa 10 Min. köcheln lassen. Den Senf einrühren, die Sauce abschmecken, mit der Sahne verfeinern und heiß über den Fisch ziehen.

Das passt dazu Kartoffeln oder Reis.

Tipp Für Fisch gilt: säubern, säuern, salzen. Die Filets kalt abspülen, trocken tupfen, mit Zitronensaft beträufeln und erst kurz vor dem Garen salzen. Die Fischfilets sind gar, wenn die Messerspitze, die man in die dickste Stelle des Filets gestochen hat, an der Lippe angenehm warm ist.

Nährwerte pro Portion
236 kcal • 11 g KH • 26 g E • 1 g Ba • 10 g F • 186 mg Harnsäure

Wenn's mal schnell gehen muss

Scholle auf Gemüsebouquet

Für 4 Personen • geht schnell
20 Min. + 5 Min. Garzeit

2 mittelgroße Karotten • 1/2 kleine Sellerieknolle • 3 Lauchstangen • 1 kleine Zwiebel • 3 EL Rapsöl • Salz • Pfeffer, frisch gemahlen • 1/4 l Gemüsebrühe (hefefrei) • 4 Schollenfilets à 120 g • 2 EL Zitronensaft • 1 EL gehackte Kräuter (Petersilie, Basilikum)

- Karotten und Sellerieknolle abspülen, putzen, schälen und in dünne Streifen schneiden oder grob raspeln. Lauch putzen, der Länge nach aufschneiden, gründlich abspülen und den vorderen Teil in schmale Ringe schneiden.

- Die Zwiebel abziehen und in kleine Würfelchen schneiden. 1 EL Öl erhitzen, die Zwiebelwürfel glasig dünsten, das Gemüse dazugeben, andünsten, würzen, mit Gemüsebrühe aufgießen und fertig garen.

- Die gesäuberten Fischfilets mit Zitronensaft beträufeln und salzen. Das restliche Öl in einer beschichteten Pfanne erhitzen und die Schollenfilets kurz auf beiden Seiten anbraten.

- Das gegarte Gemüse abschmecken, auf eine vorgewärmte Platte geben, die Schollenfilets daraufsetzen und mit den fein gehackten Kräutern bestreuen.

Nährwerte pro Portion
217 kcal • 9 g KH • 24 g E • 7 g Ba • 9 g F • 211 mg Harnsäure

» Schellfisch in Senfsauce

Und das Mittelmeer ist so nah

Tomatenhähnchen

Für 4 Personen • gelingt leicht
15 Min. + 25 Min. Garzeit

4 Hähnchenbrustfilets à ca. 120 g • Salz • Pfeffer, frisch gemahlen • 1 TL abgeriebene Zitronenschale • 2 kleine Zwiebeln • 2 Knoblauchzehen • 1 große Dose geschälte Tomaten • 2 EL Olivenöl • ⅛ l Gemüsebrühe (hefefrei) • 2 EL gehackte Petersilie • 2 EL gehacktes Basilikum

- Die Filets abspülen, trocken tupfen und auf beiden Seiten mit Salz, Pfeffer und der Zitronenschale einreiben. Zwiebeln und Knoblauch abziehen und fein hacken. Die Tomaten würfeln.

- Die Hälfte des Öls in einem Schmortopf erhitzen. Die Hähnchenbrustfilets darin von beiden Seiten kurz anbraten und herausnehmen. Im restlichen Öl Zwiebeln und Knoblauch glasig dünsten.

- Die Tomaten hinzufügen und die Gemüsebrühe angießen. Die Kräuter bis auf 1 EL untermischen. Mit Salz und Pfeffer würzen und die Hähnchenbrustfilets hineinlegen.

- Alles zugedeckt bei mittlerer bis schwacher Hitze etwa 25 Min. schmoren. Dabei gelegentlich wenden. Vor dem Servieren mit den übrigen Kräutern bestreuen.

Nährwerte pro Portion
195 kcal • 30 g E • 6 g F • 4 g KH • 2 g Ba • 270 mg Harnsäure

« Zitronenhähnchen

Mit feinem Kräuteraroma

Zitronenhähnchen

Für 4 Personen • braucht etwas mehr Zeit
50 Min. + 15 Min. Garzeit

4 Hähnchenbrustfilets à 120 g • 1½ unbehandelte Zitronen • 3 EL Olivenöl • 1 EL Honig • 2 Knoblauchzehen • 1 Zweig frischer Oregano • Salz • Pfeffer, frisch gemahlen

- Die Hähnchenbrustfilets kalt abspülen, trocken tupfen und in eine flache Glas- oder Porzellanschale legen. Die ganze Zitrone auspressen und den Saft in eine kleine Schüssel gießen, 2 EL vom Olivenöl und den Honig unterrühren.

- Den Knoblauch abziehen und zerdrücken. Den Oregano kurz abbrausen, trocken schütteln und zupfen. Die Hälfte des Oreganos und den Knoblauch zur Marinade geben. Die Marinade mit Salz und Pfeffer kräftig würzen, über das Hähnchenfleisch gießen und zugedeckt 30 Min. im Kühlschrank durchziehen lassen.

- Die restliche Zitronenhälfte in kleine Stückchen schneiden und beiseitestellen. Restliches Olivenöl in einer Pfanne erhitzen. Die Hähnchenfilets aus der Marinade nehmen, etwas abtupfen und in der Pfanne anbraten.

- Die Zitronenmarinade dazugießen und das Fleisch bei sanfter Hitze zugedeckt etwa 15 Min. gar ziehen lassen. Die Zitronenstückchen und den restlichen Oregano 5 Min. vor Garzeitende auf den Hähnchenbrustfilets verteilen.

Variante Anstelle der Hähnchenbrustfilets können Sie auch Putenschnitzel verwenden.

Nährwerte pro Portion
204 kcal • 4 g KH • 28 g E • 8 g F • 0 Ba • 244 mg Harnsäure

Fruchtig-lecker

Puten-Mango-Curry

Für 4 Personen • braucht etwas mehr Zeit
20 Min. + 15 Min. Garzeit

1 mittelgroße Zwiebel • 1 Knoblauchzehe • 4 Putenschnitzel à 150 g • Salz • Pfeffer, frisch gemahlen • 3 EL Rapsöl • 100 g Mangofruchtfleisch • 1 TL frischer Ingwer, gerieben • 1 EL Currypulver • ½ TL Kurkuma • 200 ml Gemüsebrühe (hefefrei) • 3 EL Sahne • 2 Scheiben Ananas • 1 EL Koriandergrün

• Zwiebel und Knoblauch abziehen, fein hacken. Putenfleisch in feine Streifen schneiden, mit Salz und Pfeffer würzen und im Öl portionsweise anbraten. Herausnehmen, Zwiebeln und Knoblauch im Bratfett glasig dünsten. Das Mangofruchtfleisch in Würfel schneiden und dazugeben.

• Ingwer, Curry und Kurkuma unterrühren, Gemüsebrühe und die Sahne dazugießen. Die Sauce 5 Min. sämig einkochen lassen. Die Ananas klein schneiden und zusammen mit dem Fleisch in die Sauce geben und kurz darin erwärmen. Mit Koriander bestreut servieren.

Nährwerte pro Portion
299 kcal • 9 g KH • 37 g E • 1 g Ba • 13 g F • 251 mg Harnsäure

Köstliche Spieße

Hähnchenschaschlik

Für 4 Personen • gut vorzubereiten
30 Min. + 1 Std. Ziehzeit

4 Hähnchenbrustfilets à 100 g • 1 Knoblauchzehe • 4 EL Olivenöl • 3 EL Zitronensaft • 1 TL Currypulver, mild • 1 mittelgroße Karotte • Salz • Pfeffer, frisch gemahlen • je 1 mittelgroße rote und grüne Paprikaschote • 2 Zwiebeln

• Das Fleisch in 12 Würfel schneiden. Knoblauch abziehen und zerdrücken. Olivenöl, Zitronensaft und Curry zugeben und gut verrühren. Das Fleisch unter die Marinade mischen und zugedeckt 1 Stunde ziehen lassen.

• Karotte schälen, schräg in Scheiben schneiden und in kochendem Salzwasser 3 Min. garen. Paprikaschoten abspülen, putzen und in Stücke schneiden. Zwiebeln abziehen und achteln. Pro Spieß 3 Stückchen Fleisch abwechselnd mit dem Gemüse aufspießen, salzen und pfeffern. Die Spieße in einer beschichteten Pfanne 10 Min. braten, dabei mit der Marinade bepinseln.

Nährwerte pro Portion
220 kcal • 24 g E • 11 g F • 5 g KH • 4 g Ba • 174 mg Harnsäure

Prima zum Grillen

Hähnchenspieße mit Kokosdip

Für 4 Personen • gelingt leicht
10 Min. + 5 Min. Garzeit

400 g Hähnchenbrustfilet oder Putenbrustfilet • 3 EL Ketchup • 3 EL Sojasauce • 1 EL Zitronensaft • Rapsöl • 125 ml ungesüßte Kokosmilch • 2 TL Sesampaste (Tahin) • 1 TL Currypulver • 2 TL Zucker

• Das Fleisch in dünne Streifen schneiden und der Länge nach wellenförmig auf Spieße stecken. Ketchup, Sojasauce und Zitronensaft verrühren und diese Marinade über die Spieße geben.

• Den Grill oder die Grillpfanne mit Öl bestreichen und die Spieße von jeder Seite ca. 3 Min. grillen. Für die Sauce Kokosmilch, Sesampaste, Currypulver und Zucker kurz aufkochen.

• Restliche Marinade zugeben und bei mittlerer Hitze 3 – 4 Min. köcheln lassen. Mit Zitronensaft abschmecken und zu den Spießen reichen.

Nährwerte pro Portion
156 kcal • 5 g KH • 24 g E • 4 g F • 166 mg Harnsäure

» Hähnchenschaschlik

Für alle mit einer Schwäche für Deftiges

Rinderschmortopf

Für 4 Personen • gelingt leicht
15 Min. + 65 Min. Garzeit

2 mittelgroße Zwiebeln • 2 Knoblauchzehen • 600 g Rinderkeule • 2 EL Sonnenblumenöl • 2 EL Tomatenmark • Salz • Pfeffer, frisch gemahlen • 1 EL edelsüßes Paprikapulver • 1 Prise scharfes Paprikapulver • ½ l Fleischbrühe • 3 mittelgroße Karotten • 3 Selleriestangen • 1 Dose geschälte Tomaten (400 ml)

- Zwiebeln abziehen, achteln und in Streifen schneiden. Knoblauch abziehen und zerdrücken. Das Fleisch waschen, trocken tupfen, in 2 cm große Würfel schneiden und im heißen Öl portionsweise anbraten.

- Die Zwiebeln und den Knoblauch dazugeben. Das Tomatenmark hinzufügen, mit Salz, Pfeffer und Paprikapulver würzen. Alles gut mischen und mit der Fleischbrühe aufgießen. Zugedeckt bei mittlerer Hitze etwa 40 Min. schmoren.

- Die Karotten schälen und schräg in etwa 1 cm breite Scheiben schneiden. Die Selleriestangen abspülen und in 1 cm breite Stücke schneiden. Die Tomaten samt Saft mit Karotten und Sellerie unter das Fleisch mischen. Weitere 20 Min. schmoren und nochmals mit Salz, Pfeffer und Paprikapulver abschmecken.

Das passt dazu Nudeln, Klöße oder Salzkartoffeln.

Tipp Gulaschgerichte lassen sich hervorragend aufwärmen oder auch portionsweise einfrieren.

Nährwerte pro Portion
283 kcal • 34 g E • 12 g F • 9 g KH • 6 g Ba • 262 mg Harnsäure

Ein herrliches Gericht aus Nordafrika

Lamm-Tajine

Für 4 – 6 Personen • braucht etwas mehr Zeit
25 – 30 Min. + 3 Std. Garzeit

2 EL Olivenöl • 1 rote Zwiebel • 2 Knoblauchzehen • 2 Fenchelknollen • 750 g Lammkeule • 1 gestr. TL gemahlener Ingwer • 2 gestr. TL gemahlener Kreuzkümmel • 2 gestr. TL gemahlener Koriander • ½ gestr. TL Cayennepfeffer • Salz • 150 g entkernte Datteln • 375 ml Wasser oder Gemüsebrühe (hefefrei) • frisches Koriandergrün zum Garnieren

- Zwiebel und Knoblauch abziehen und fein hacken. Fenchel waschen, die äußeren harten Blätter der Knolle entfernen und den Fenchel fein schneiden. Das Fleisch waschen, trocken tupfen und in dicke Stücke schneiden.

- Olivenöl in der Tajine erhitzen. Zwiebel, Fenchel und Knoblauch goldbraun andünsten und aus der Tajine nehmen. Fleisch mit den Gewürzen mischen und kurz stehen lassen.

- Die Datteln entkernen und grob hacken. Zwiebel, Fenchel und Knoblauch wieder in die Tajine geben, Datteln und das gewürzte Fleisch und einen Teil der Flüssigkeit dazugeben, umrühren.

- Die Tajine bedecken und ca. 3 Stunden bei niedriger Temperatur garen lassen. Ab und zu umrühren und mit der übrigen Flüssigkeit begießen. Mit fein gehacktem Koriandergrün bestreuen.

Das passt dazu Fladenbrot oder Couscous.

Nährwerte pro Portion
418 kcal • 25 g E • 26 g F • 21 g KH • 3 g Ba • 173 mg Harnsäure

» Lamm-Tajine

Besonderes

Japanisches Fingerfood

Vegetarisches Sushi

Für 8 Sushirollen • braucht etwas mehr Zeit
⏲ 35 Min. + 25 Min. Garzeit

300 g Sushireis • 2½ EL Reisessig • ½ TL Meersalz • 1 TL Zucker • 1 Salatgurke • 4 Karotten • 2 kleine Avocados • 4 Blätter Nori-Algen • 2 – 4 TL Wasabipaste • Sojasauce

● Den Reis in einem Sieb so lange kalt abspülen, bis das Wasser klar bleibt, und mit ungefähr der gleichen Menge Wasser zugedeckt zum Kochen bringen. 1 Min. kochen lassen und auf der ausgeschalteten Herdplatte ca. 20 Min. zugedeckt quellen lassen. Reisessig, Meersalz und Zucker einmal aufkochen. Den Reis in eine große Schüssel geben und mit dem Gemisch verrühren. Auskühlen lassen.

● Gurke schälen, halbieren und in bleistiftgroße Streifen schneiden. Die Karotten schälen. Avocadofruchtfleisch und Karotten in Stifte schneiden.

● Ein Nori-Blatt in der Mitte falzen, quer halbieren, eine Hälfte mit der glatten Seite nach unten auf eine Bambusmatte legen. Mit feuchten Händen das Blatt zu etwa ⅓ mit Reis bedecken und leicht andrücken. Etwas Wasabipaste auf den Reis streichen. In die Mitte der Reisfläche, 1 – 2 Gemüsestreifen legen.

● Nori-Blatt an den unteren Rand der Matte legen, mithilfe der Matte aufrollen, dabei die Füllung mit den Fingern festhalten und die Matte nach der ersten Umdrehung leicht andrücken. Den oberen Rand des Nori-Blattes mit Wasser anfeuchten, die Matte anheben, die Rolle zu Ende formen und in 5 – 6 Scheiben schneiden. Mit Sojasauce, Sushi-Ingwer und Wasabi servieren.

Nährwerte pro Rolle
176 kcal • 3 g E • 4 g F • 31 g KH • 2 g Ba • 34 mg Harnsäure

Zu jeder Zeit eine gute Beilage

Gemüserelish

3 Gläser à 450 g • gut vorzubereiten
⏲ 30 Min. + 50 Min. Garzeit

1 kg Gemüse (Zwiebeln, Zucchini, Karotten, Sellerie) • 3 Knoblauchzehen • 150 g brauner Zucker • 1 Msp. Senfpulver • 5 Korianderkörner • Salz • abgeriebene Schale von 2 unbehandelten Zitronen • 350 ml Apfelessig

● Das Gemüse putzen und in 1 cm große Würfel schneiden. Das Gemüse mit allen anderen Zutaten gut vermischen und aufkochen lassen.

● Das Gemüserelish 50 Min. unter ständigem Rühren sanft köcheln lassen. Abschmecken und sofort in vorbereitete Twist-off-Gläser füllen und verschließen.

Tipp Relish werden im Unterschied zu Chutneys nicht ganz so dick eingekocht und bestehen hauptsächlich aus Gemüse. Abgeschmeckt wird süßsauer. Relish eignet sich ideal als Beilage zu gebratenem oder gegrilltem Fleisch und Geflügel, aber auch als Brotaufstrich. Mit ein paar Löffeln davon lässt sich aber auch jede Sauce oder ein asiatisches Wokgemüse wunderbar verfeinern.

Nährwerte pro Portion (20 g)
60 kcal • 1 g E • 0 g F • 12 g KH • 2 g Ba • 12 mg Harnsäure

Schmecken knusprig aus der Pfanne am besten

Süßkartoffelrösti mit Lachs

Für 2 Personen • gelingt leicht
35 Min.

300 g Süßkartoffeln • 1 Zwiebel • Salz • Pfeffer, frisch gemahlen • 1 Prise Muskatnuss, frisch gerieben • 1 Ei • 2 EL Mehl • 1 EL Butterschmalz oder Sonnenblumenöl • 100 g Schmand • 100 g gebeizter Lachs in Scheiben • 2 EL Schnittlauchröllchen

- Süßkartoffeln schälen, grob raspeln und in einem sauberen Geschirrtuch gut ausdrücken. Zwiebel abziehen und in feine Würfel schneiden. Alles in eine Schüssel geben, kräftig mit Salz, Pfeffer und Muskat würzen.

- Ei und Mehl zugeben und vermischen. Fett einer Pfanne erhitzen. Von der Kartoffelmasse esslöffelgroße Portionen in die Pfanne geben und von jeder Seite 2 – 3 Min. bei mittlerer Hitze knusprig braten.

- Auf Küchenpapier abtropfen lassen und im heißen Ofen bei 100 Grad auf der mittleren Schiene warm halten (Umluft nicht empfehlenswert). Die restliche Röstimasse ebenso verarbeiten. Die Rösti mit Schmand, Lachs und Schnittlauchröllchen servieren.

Tipp Süßkartoffeln werden gelegentlich auch Batate genannt und sind eigentlich gar keine Kartoffeln. Es sind zwar Knollen, die in der Erde wachsen, haben aber sonst mit den üblichen Kartoffeln nichts zu tun. Sie erinnern geschmacklich etwas an mehlig kochende Kartoffeln, schmecken aber – wie der Name schon verrät – leicht süßlich.

Nährwerte pro Portion
485 kcal • 18 g E • 27 g F • 46 g KH • 6 g Ba • 94 mg Harnsäure

Ideal zum Verfeinern

Schalottenchutney

4 Gläser à 450 g • braucht etwas mehr Zeit
30 Min. + 55 Min. Garzeit

1,5 kg rote Schalotten • 5 EL Olivenöl • 1 EL Salz • 100 g Zucker • ⅛ l Rotwein • ⅛ l Rotweinessig • 1 TL Honig • 1 Msp. gemahlener Piment

- Die Schalotten abziehen und in Scheiben schneiden. Das Öl erhitzen und die Schalotten darin glasig, aber nicht braun werden lassen. Salz und Zucker dazugeben und die Mischung unter ständigem Rühren ca. 15 Min. sanft kochen lassen.

- Wein, Essig und Honig dazugeben und weitere 40 Min. sanft köcheln lassen, bis die Masse eingedickt ist. Zum Schluss den Piment dazugeben und das Chutney sofort in die vorbereiteten Gläser füllen und verschließen.

Das passt dazu Verfeinern Sie mit einem Löffel Chutney die Sauce von gebratenem Geflügel oder Lammrücken.

Nährwerte pro Portion (20 g)
28 kcal • 0 g E • 3 g F • 10 g KH • 1 g Ba • 14 mg Harnsäure

» Süßkartoffelrösti mit Lachs

Gemüse aus dem Meer

Asiatischer Nudelsalat mit Algen

Für 4 Personen • gut vorzubereiten
⏲ 2 Std. 10 Min. + 20 Min. Garzeit

1 Stückchen Ingwer • 2 EL Sesamöl • 3 TL Hijikiblatt (Braunalge) • 4 EL dunkle Sojasauce • 250 g Ramennudeln oder Udon-Nudeln • 1 Bund Frühlingszwiebeln • 2 EL Reiswein • 1 Karotte

● Ingwer reiben, Sesamöl dazugeben und durchziehen lassen. Die Algen unter fließendem Wasser reinigen und 1 Stunde in kaltem Wasser einweichen. Anschließend die Algen in 1 Tasse frischem Wasser bissfest kochen. Nach 20 Min. die Sojasauce dazugeben und die Flüssigkeit im offenen Topf verdampfen lassen.

● Die Nudeln nach Packungsanweisung kochen, abtropfen und auskühlen lassen. Die Frühlingszwiebeln waschen, putzen und in Ringe schneiden. Mit den Nudeln und Algen vermischen.

● Die Karotte grob raspeln und dazugeben, mit Sesamöl und Reiswein abschmecken. Mindestens 1 Stunde durchziehen lassen.

Variante Algen aus unbelasteten Küstenregionen können eine gesunde und interessante Bereicherung für den Speiseplan sein. Beispielsweise als Snacks, in Vorspeisen, Beilagen, Salat und als Basis oder Bestandteil von Nudelgerichten.

Nährwerte pro Portion
312 kcal • 10 g E • 7 g F • 50 g KH • 2 g Ba • 22 mg Harnsäure

« Asiatischer Nudelsalat mit Algen

Prima für die Snackbox

Wrap mit scharfen Garnelen

Für 2 Stück • gut vorzubereiten
⏲ 20 Min.

1 kleine rote Chilischote • 1 kleine rote Paprikaschote • 2 Lauchzwiebeln • 2 EL Olivenöl • 200 g kleine Garnelen, küchenfertig • Salz • Pfeffer, frisch gemahlen • 100 g Eisbergsalat • 100 g Salatgurke • 1 reife Avocado • 1 TL Zitronensaft • 2 Wrap-Fladenbrote à circa 40 g

● Chili und Paprika putzen, entkernen und in kleine Würfel schneiden. Lauchzwiebeln waschen, putzen und in Ringe schneiden. Paprika und Chilli in 1 EL Olivenöl kurz anbraten und dabei immer wieder wenden. Lauchzwiebeln dazugeben, mit Salz und Pfeffer würzen, abkühlen lassen.

● Den Salat putzen und dabei 2 große Blätter ganz lassen, den Rest in feine Streifen schneiden. Die Gurke schälen, in dünne Scheiben schneiden. Das Avocadofruchtfleisch mit einem Esslöffel aus der Schale kratzen. Mit Salz und Pfeffer würzen und mit 1 TL Olivenöl und Zitronensaft mit der Gabel zerdrücken.

● Die Wraps mit der Avocadocreme bestreichen und mit je einem Salatblatt belegen. Die Hälfte der Garnelen mittig darauf verteilen, mit Gemüse belegen. Wraps von unten leicht einklappen und fest aufwickeln. In Butterbrotpapier oder Alufolie wickeln, fertig ist ein gesunder Snack.

Variante Anstelle der Garnelen können sie auch Hühnchen, Feta oder Tofu verwenden. Statt Avocadocreme schmeckt Frischkäse.

Nährwerte pro Portion
552 kcal • 27 g E • 28 g F • 46 g KH • 8 g Ba • 250 mg Harnsäure

Beilagen

Schön mediterran

Rosmarinkartoffeln

Für 4 Personen • braucht etwas mehr Zeit
⏲ 10 Min. + 40 Min. Garzeit

800 g neue kleine Kartoffeln • 2 Knoblauchzehen • 2 Zweige frischer Rosmarin • 2 EL Zitronensaft • 1 TL abgeriebene Zitronenschale • 4 EL Olivenöl • Salz

- Kartoffeln abspülen und trocken reiben. Knoblauch nicht schälen. Rosmarin abspülen, trocken schütteln, die Nadeln vom Zweig zupfen und grob hacken. Das Öl in einer großen Pfanne erhitzen.

- Die Kartoffeln, den Knoblauch, das Rosmarin, den Zitronensaft und die Zitronenschale zugeben. Durch kräftiges Rütteln der Pfanne alles gut miteinander mischen. Die Kartoffeln im Backofen bei 180 Grad 30 – 40 Min. garen.

Das passt dazu Kurz gebratenes Fleisch wie z. B. Schweinemedaillons.

Nährwerte pro Portion
228 kcal • 4 g E • 10 g F • 29 g KH • 5 g Ba • 30 mg Harnsäure

Schmecken prima zu Mischgemüse

Holländische Kartoffeln

Für 2 Personen • gelingt leicht
⏲ 10 Min. + 20 Min. Garzeit

400 g Kartoffeln • 1 kleine Zwiebel • 1 EL Rapsöl • Salz • 250 ml Gemüsebrühe (hefefrei) oder Wasser • 1 EL gehackte Petersilie

- Die Kartoffeln abspülen, schälen und in Scheiben schneiden. Die Zwiebel abziehen, in dünne Ringe schneiden und in heißem Öl glasig dünsten.

- Die Kartoffeln mit den Zwiebeln in einen Topf schichten, salzen, mit Flüssigkeit aufgießen und weich garen. Vor dem Servieren mit gehackter Petersilie bestreuen.

Das passt dazu Frisches Gemüse oder Salat.

Nährwerte pro Portion
156 kcal • 3 g E • 5 g F • 23 g KH • 4 g Ba • 27 mg Harnsäure

Einfache, aber feine Beilage

Kartoffelschnee

Für 4 Personen • geht schnell
⏲ 10 Min. + 15 Min. Garzeit

1 kg Kartoffeln • Salz • frisch geriebene Muskatnuss

● Die Kartoffeln abspülen, schälen und in Schnitze schneiden. Im Salzwasser garen, abgießen und noch heiß durch die Kartoffelpresse drücken. Vor dem Servieren mit etwas geriebener Muskatnuss bestreuen.

Tipp Aus Kartoffelschnee kann man prima Tomatenplätzchen machen. Dazu einfach den erkalteten Kartoffelschnee mit einer gepressten Knoblauchzehe, 1 Ei, 10 EL Mehl, 1 TL Weinstein-Backpulver, 10 EL frisch geriebenem Parmesan und 1 Handvoll gehackter Basilikumblätter vermischen. 8 gehäutete, entkernte und gewürfelte Eiertomaten unterheben. Jeweils 1 gehäuften EL Teig auf ein mit Backpapier ausgelegte Backblech setzen, zu runden Plätzchen formen und etwa 30 Min. bei 220 Grad (Umluft 200 Grad) backen.

Nährwerte pro Portion
140 kcal • 4 g E • weniger als 1 g F • 29 g KH • 5 g Ba • 30 mg Harnsäure

Selbst gemacht ein Genuss

Kartoffelpuffer

Für 2 Personen • preisgünstig
⏲ 20 Min. + 5 Min. Garzeit

500 g mehlig kochende Kartoffeln • 2 EL Mehl oder Haferflocken • 4 EL saure Sahne • 2 Eier • Salz • Muskat • 4 EL Sonnenblumenöl

● Kartoffeln abspülen, schälen und fein reiben. Mehl, saure Sahne und Eier dazugeben, alles gut durchmischen und mit Salz und Muskat abschmecken. Das Öl in einer beschichteten Pfanne erhitzen.

● Mit einem Löffel Häufchen in die Pfanne geben und knusprig goldbraun braten.

Variante Lecker auch mit Haferflocken, Zwiebeln, Speckwürfeln, Magerquark, Knoblauch, Majoran oder Petersilie.

Nährwerte pro Portion
550 kcal • 14 g E • 34 g F • 45 g KH • 6 g Ba • 47 g Harnsäure

Viel besser als aus der Tüte

Kartoffelpüree

Für 2 Personen • geht schnell
⏲ 10 Min. + 15 Min. Garzeit

350 g Kartoffeln • 8 EL fettarme Milch • Salz • Muskatnuss, frisch gerieben

● Kartoffeln waschen, schälen, in einen Topf geben und in wenig Wasser bei mittlerer Hitze etwa 15 – 20 Min. zugedeckt garen.

● Abgießen und die Kartoffeln im Topf mit einem Kartoffelstampfer zerdrücken. Die Milch erhitzen, unter die Kartoffeln rühren und mit Salz und Muskat abschmecken.

Variante Kartoffelpüree in Kombination mit Pastinake ist ein Traum, mit Karotte oder Sellerie schmeckt es ebenfalls großartig.

Nährwerte pro Portion
132 kcal • 5 g E • 1 g F • 24 g KH • 3 g Ba • 11 mg Harnsäure

Kartoffelsalat mit Gurken

In Butter geschwenkt

Petersilienkartoffeln

Für 4 Personen • gelingt leicht
20 Min.

1 kg Kartoffeln • Salz • 2 EL Butter • 2 EL fein gehackte Petersilie

- Kartoffeln waschen, schälen, in Schnitze schneiden oder würfeln und in Salzwasser gar kochen. Das Wasser abgießen.

- Butter in einer Pfanne zerlassen, die Kartoffeln dazugeben, mit der Petersilie bestreuen und darin schwenken.

Variante Anstelle von Petersilie können Sie auch diverse andere Kräuter verwenden, z. B. Dill, Majoran, Koriandergrün oder Schnittlauchröllchen.

Nährwerte pro Portion
178 kcal • 4 g E • 4 g F • 29 g KH • 5 g Ba • 31 mg Harnsäure

Herrlich frisch

Kartoffel-Gurken-Salat

Für 4 Personen • gelingt leicht
30 Min. + 10 Min. Ziehzeit

1,2 kg festkochende Kartoffeln • 1 mittelgroße Zwiebel • 3/4 mittelgroße Salatgurke • 1/8 l Gemüsebrühe (hefefrei) • 4 EL Kräuteressig • 4 EL Sonnenblumenöl • Salz • Pfeffer, frisch gemahlen

- Die Kartoffeln waschen, als Pellkartoffeln gar kochen, noch heiß pellen, abkühlen lassen und in Scheiben schneiden. Die Zwiebel abziehen und klein würfeln. Die Gurke abspülen, schälen und grob hobeln. Die kochende Brühe mit Essig, Öl, Pfeffer und Salz mischen, zu den Kartoffeln geben, vorsichtig mischen, ziehen lassen und nochmals abschmecken.

Nährwerte pro Portion
281 kcal • 6 g E • 10 g F • 39 g KH • 7 g Ba • 45 mg Harnsäure

Das schmeckt nach Urlaub

Papas arrugadas mit zwei verschiedenen Mojos

Für 4 Personen • preisgünstig
30 Min. + 20 Min. Garzeit

Papas arrugadas:
- 500 g kleine festkochende Kartoffeln
- 100 – 125 g unjodiertes Meersalz

Mojo rojo:
- 1 kleine rote Paprikaschote
- 1 – 2 rote Chilis (Dutch red chili)
- 2 Knoblauchzehen
- 2 kleine Tomaten
- ½ TL Kreuzkümmelsamen
- 75 ml Olivenöl
- 60 ml Gemüsebrühe (hefefrei)
- 1 EL Weißweinessig
- Salz
- Pfeffer, frisch gemahlen
- 1 Prise Zucker
- Semmelbrösel

Mojo verde:
- 1 Bund Koriandergrün
- ½ Bund glatte Petersilie
- 2 – 3 grüne Chilies (Dutch green chili)
- 1 grüne Paprikaschote
- 5 Knoblauchzehen
- 1 TL Kreuzkümmelsamen
- 100 ml Olivenöl
- 100 ml Weißweinessig
- Saft von ½ Limette
- 125 ml Gemüsebrühe (hefefrei)
- Salz
- Pfeffer, frisch gemahlen
- 1 Prise Zucker
- Semmelbrösel

● Die Kartoffeln waschen, mit dem Salz in einen Topf geben und nur knapp mit Wasser bedecken. Zugedeckt bei mittlerer Hitze garen. Das Wasser abgießen und den Topf auf die noch heiße Herdplatte zurückstellen. Die Kartoffeln so lange schütteln, bis die Schale leicht schrumpelig ist.

● Für die Mojo rojo Paprikaschote waschen, putzen und in Stücke schneiden. Samen und Trennwände der Chilis entfernen. Knoblauchzehen schälen. Tomaten mit heißem Wasser überbrühen, häuten und putzen.

● Kreuzkümmel ohne Fett anrösten und mörsern. Alle Zutaten außer Olivenöl und Semmelbrösel in einen Mixer geben und pürieren. Das Olivenöl langsam untermixen, evtl. Semmelbrösel zugeben.

● Für die Mojo verde Koriander und Petersilie waschen und zupfen. Samen und Trennwände der Chilis entfernen. Paprikaschote waschen, putzen und in Stücke schneiden. Knoblauchzehen schälen. Kreuzkümmelsamen ohne Fett anrösten und mörsern.

● Alle Zutaten außer Olivenöl und Semmelbrösel in einen Mixer geben und pürieren. Olivenöl langsam untermixen, evtl. Semmelbrösel zugeben. Mit Salz, Pfeffer, Zucker und Limettensaft abschmecken.

Tipp Zum Anrichten die Mojos in kleine Dipschälchen füllen und die Kartoffeln in einer großen Schüssel auf den Tisch stellen. So kann sich jeder seine eigene Menge an Kartoffeln und Dips auf dem Teller zusammenstellen.

Nährwerte pro Portion
473 kcal • 7 g E • 30 g F • 42 g KH • 7 g Ba • 46 mg Harnsäure

Aufgewärmt noch besser

Rotkohl

Für 4 Personen • gelingt leicht
20 Min. + 1 Std. Garzeit

1 mittelgroßer Rotkohl (oder 800 g Rotkohl, tiefgekühlt) • 1 mittelgroße Zwiebel • 1 kleiner Apfel • 2 EL Öl • 2 Pimentkörner • 3 Nelken • 1 Lorbeerblatt • etwas Zucker • 1 EL Rotweinessig

- Rotkohl putzen, abspülen, hobeln oder in feine Streifen schneiden. Zwiebel abziehen und fein hacken. Apfel schälen, entkernen und blättrig schneiden.

- Das Öl erhitzen, die Zwiebel darin andünsten, das Gemüse und den Apfel sowie die Gewürze und den Essig dazugeben und mit ½ l Wasser auffüllen und weich dünsten. Vor dem Servieren abschmecken und die Nelken und Lorbeerblätter entfernen.

Tipp Um die Gewürze leichter zu entfernen, nehmen Sie eine Zwiebel und spicken sie mit Lorbeerblatt und Nelken.

Nährwerte pro Portion
106 kcal • 3 g E • 5 g F • 10 g KH • 6 g Ba • 88 mg Harnsäure

Lauch passt gut zu den Karotten

Lauch-Karotten-Gemüse

Für 4 Personen • geht schnell
10 Min. + 15 Min. Garzeit

3 große Karotten • 4 kleine Lauchstangen • 3 EL Öl • Gemüsebrühe (hefefrei) • Salz • Pfeffer, frisch gemahlen • frisch geriebene Muskatnuss • 2 EL fein gehackte Petersilie

- Die Karotten putzen, schälen, abspülen und in etwa ½ cm dicke Scheiben schneiden. Die Lauchstangen putzen, längs aufschneiden und unter fließendem Wasser gründlich abspülen. Dann mit dem zarten Grün quer in feine Streifen schneiden.

- Das Öl erhitzen, Karotten und Lauch darin dünsten, etwas Gemüsebrühe angießen, mit Salz, Pfeffer und Muskat abschmecken und zugedeckt bei mittlerer Hitze etwa 15 Min. garen, bis die Karotten weich sind. Mit Petersilie bestreut servieren.

Nährwerte pro Portion
118 kcal • 3 g E • 8 g F • 9 g KH • 7 g Ba • 35 mg Harnsäure

Im Sommer besonders zart und gut

Kohlrabigemüse

Für 4 Personen • geht schnell
10 Min. + 15 Min. Garzeit

4 große Kohlrabi • 1 EL Öl • etwas Gemüsebrühe (hefefrei) • 2 EL saure Sahne • Salz • Muskatnuss, frisch gerieben • 2 EL fein gehackte Petersilie

- Kohlrabiknollen abspülen, schälen und in Stifte oder feine Scheiben schneiden. Das Öl erhitzen und das Gemüse darin andünsten, mit etwas Gemüsebrühe aufgießen, würzen und bissfest garen.

- Die saure Sahne unterrühren und mit Petersilie bestreuen. Evtl. einige zarte Kohlrabiblätter in feine Streifen schneiden und unter das gegarte Gemüse geben.

Variante Anstelle frischer Kohlrabiknollen können Sie Tiefkühlgemüse verwenden.

Nährwerte pro Portion
92 kcal • 4 g E • 5 g F • 8 g KH • 3 g Ba • 60 mg Harnsäure

Lecker zu indischen Currys

Curryreis mit Aprikosen

Für 4 Personen • gelingt leicht
⏲ 10 Min. + 40 Min. Garzeit

1 mittelgroße Gemüsezwiebel • 1 EL Olivenöl • 12 getrocknete Aprikosen • 1 – 2 EL Currypulver • Pfeffer • frisch geriebene Muskatnuss • 250 g Natur-Langkornreis • 600 ml Gemüsebrühe (hefefrei)

- Die Zwiebel abziehen und klein hacken. Das Öl langsam erhitzen. Zwiebel hinzufügen und unter Rühren glasig andünsten. Die Aprikosen klein schneiden. Mit Currypulver, der Brühe, Pfeffer und Muskat zur Zwiebel geben.

- Alles gut vermischen und zum Kochen bringen, dann den Reis unterrühren und mit Gemüsebrühe aufgießen. Im geschlossenen Topf bei ganz schwacher Hitze etwa 40 Min. ausquellen lassen, bis die Brühe aufgesogen und der Reis körnig ist. Evtl. weitere Brühe während des Garens zugießen, wenn alle Flüssigkeit aufgesogen ist.

Nährwerte pro Portion
320 kcal • 7 g E • 4 g F • 62 g KH • 5 g Ba • 94 mg Harnsäure

Schön pikant

Kreolischer Tomatenreis

Für 4 Personen • preisgünstig
⏲ 10 Min. + 20 Min. Garzeit

1 Zwiebel • 1 Knoblauchzehe • 1 grüne Paprikaschote • 1 EL Olivenöl • 250 g Langkornreis • 1/4 l Gemüsebrühe (hefefrei) • 500 ml passierte Tomaten • 1/2 TL Thymian • Salz • Pfeffer, frisch gemahlen

- Zwiebel und Knoblauch abziehen und fein hacken. Die Paprikaschote putzen, abspülen und in kleine Stücke schneiden. Das Öl in einem großen Topf erhitzen und die Zwiebel- und Knoblauchwürfel darin glasig dünsten. Die Paprikawürfel und den Reis zugeben und kurz anbraten.

- Die Gemüsebrühe und die passierten Tomaten zugeben und alles mit Thymian, Salz und Pfeffer würzen. Das Ganze bei mittlerer Hitze zum Kochen bringen und im geschlossenen Topf etwa 20 Min. köcheln lassen, bis der Reis gar und die Flüssigkeit vollständig aufgesogen ist.

Nährwerte pro Portion
266 kcal • 5 g E • 3 g F • 53 g KH • 3 g Ba • 65 mg Harnsäure

Wunderbar zu Fisch

Gedünsteter Fenchel

Für 4 Personen • gelingt leicht
⏲ 10 Min. + 15 Min. Garzeit

4 mittelgroße Fenchelknollen • 2 kleine Zwiebeln • 2 EL Butter • Salz • 300 ml Gemüsebrühe (hefefrei) • 2 EL Tomatenmark • 2 EL süße Sahne • 1 EL Zitronensaft • 3 EL gehackte Petersilie

- Fenchelknollen abspülen, putzen und achteln. Zwiebeln abziehen, in Ringe schneiden und in der Butter andünsten. Den Fenchel dazugeben und salzen. Mit Gemüsebrühe aufgießen und bei mäßiger Hitze garen.

- Das Tomatenmark mit der Sahne verrühren, mit dem Zitronensaft abschmecken und zum Fenchel geben. Vor dem Servieren mit Petersilie bestreuen.

Nährwerte pro Portion
123 kcal • 6 g E • 7 g F • 8 g KH • 9 g Ba • 39 mg Harnsäure

« Den Stiel der Artischocken mit einem scharfen Messer abschneiden, den Stielansatz dünn schälen.

« Die äußeren harten Artischockenblätter Schicht für Schicht entfernen, bis die Blätter weich und zart werden.

« Mit einem Sägemesser oder mithilfe einer Schere die oberen Blattspitzen um ein Drittel kürzen.

« Die Artischocken vierteln, und wenn Heu vorhanden ist, dieses mit den Fingern herauszupfen. Artischocken in Zitronenwasser legen.

Mit einer Riesenportion Ballaststoffen

Artischocken mit Thymian und Rosmarin

Für 4 Personen • braucht etwas mehr Zeit
⏲ 25 Min. + 10 Min. Garzeit

2 Biozitronen • 12 kleine, junge Artischocken • 4 Knoblauchzehen • 2 Schalotten • 6 EL Olivenöl • Salz • Pfeffer, frisch gemahlen • 1 Rosmarinzweig • 4 Thymianzweige

- 1 Zitrone auspressen und Zitronenwasser in einer Schüssel bereitstellen, die andere Zitrone achteln. Den Stiel der Artischocken mit einem scharfen Messer knapp abschneiden. Die äußeren harten Blätter entfernen, bis der Artischockenboden fast frei ist.

- Mit einem Messer die oberen Blattspitzen kürzen. Die Artischocken vierteln, und wenn Heu vorhanden ist, dies herauszupfen. Sofort in das Zitronenwasser legen, weil sie sich sonst dunkel verfärben.

- Knoblauchzehen und Schalotten abziehen. Knoblauch in dünne Scheibchen schneiden, Schalotten fein würfeln. Olivenöl in einer breiten Pfanne erhitzen.

- Artischocken aus dem Zitronenwasser nehmen, trocken tupfen und in dem heißen Olivenöl bei mittlerer Hitze von allen Seiten in etwa 10 Min. goldgelb braten. Knoblauch, Schalotten und die Kräuter dazugeben, kurz weiterbraten, abschmecken und servieren. Die Artischocken mit Zitronenachteln servieren.

Das passt dazu Italienisches Hartweizenbrot oder türkisches Fladenbrot.

Nährwerte pro Portion
206 kcal • 5 g E • 15 g F • 12 g KH • 16 g Ba • 77 mg Harnsäure

Lecker mit Walnüssen

Grüne Bohnen

Für 4 Personen • gelingt leicht
⏲ 10 Min. + 15 Min. Garzeit

600 g grüne Bohnen • Salz • Pfeffer, frisch gemahlen • etwas Bohnenkraut • 4 EL Butter oder Margarine • 2 EL Aceto balsamico oder Rotweinessig • 2 EL grob gehackte Walnüsse • Zitronenspalten zum Garnieren

● Die Bohnen abspülen und putzen. Lange Bohnen halbieren. In eine beschichtete Pfanne etwa 2 cm hoch Wasser einfüllen, Salz zugeben und zum Kochen bringen. Bohnen und Bohnenkraut zugeben und ohne Deckel etwa 10 Min. bissfest garen.

● Bohnen abgießen, das Bohnenkraut entfernen und im Ofen warm halten. Die Butter zart erhitzen, Essig dazugeben, mit den Gewürzen abschmecken und kurz einkochen lassen.

● Die Walnüsse ohne Fett rösten, zur Sauce geben, über die Bohnen gießen und mit Zitronenspalten garnieren.

Nährwerte pro Portion
128 kcal • 4 g E • 10 g F • 5 g KH • 5 g Ba • 76 mg Harnsäure

Feine Variante zum Risotto

Hirsotto

Für 6 Personen (als Beilage), für 3 Personen (als Hauptgericht) • preisgünstig
⏲ 15 Min. + 25 Min. Garzeit

3 mittelgroße Karotten • 1 kleine Lauchstange • 1 Zwiebel • 2 EL Olivenöl • 200 g Hirse • ½ l Gemüsebrühe (hefefrei) • Salz • Pfeffer, frisch gemahlen • Koriandergrün oder Petersilie

● Die Karotten schälen und in kleine Würfel schneiden. Den Lauch putzen und in feine Ringe schneiden. Die Zwiebel schälen und fein hacken.

● In einem Topf das Olivenöl erhitzen. Die Hirse hinzufügen und kurz andünsten. Die Zwiebeln dazugeben und goldgelb schmoren. Karottenwürfel und Lauchringe dazugeben und mit der Gemüsebrühe aufgießen. Zudecken und kurz aufkochen.

● Bei niedriger Temperatur ca. 20 Min. ausquellen lassen, mit Pfeffer und Salz würzen. Kräuter waschen, abtropfen lassen und fein hacken und darüberstreuen.

Nährwerte pro Portion
174 kcal • 5 g E • 5 g F • 28 g KH • 4 g Ba • 47 mg Harnsäure

Fein zu Nudeln oder Polenta

Kapernsauce

Für 4 Personen • gelingt leicht
⏲ 10 Min. + 15 Min. Garzeit

40 g Kapern • 100 g schwarze entsteinte Oliven • 2 Schalotten • 2 Knoblauchzehen • 500 g Tomaten • 2 milde Peperoni • evtl. Salz • 6 EL Olivenöl

● Die Kapern und Oliven klein schneiden. Die Schalotten und die Knoblauchzehen schälen und fein hacken. Tomaten abspülen, den Stielansatz entfernen und die Tomaten in kleine Würfel schneiden.

● Die Peperoni von Samen und Scheidewänden befreien und fein hacken. Olivenöl in der Pfanne erhitzen. Schalotten, Knoblauch, Kapern und Oliven dazugeben und unter ständigem Rühren anschwitzen. Tomaten und Peperoni dazugeben und etwa 15 Min. köcheln lassen.

Variante Anstelle frischer Tomaten können Sie außerhalb der Saison auch Tomaten aus der Dose verwenden.

Nährwerte pro Portion
221 kcal • 2 g E • 19 g F • 9 g KH • 2 g Ba • 48 mg Harnsäure

» Grüne Bohnen mit Walnüssen

Purinarme Variante

Gemüsebrühe

Für 3 l • gut vorzubereiten
⏲ 1 – 2 Std.

1 große Karotte • 1 große Petersilienwurzel • 1 große Pastinakenwurzel • 1 mittelgroße Sellerieknolle • 2 Lauchstangen • 1 kleine Zwiebel • 2 EL Sonnenblumenöl

- Das Gemüse waschen, putzen, klein schneiden und in heißem Öl leicht anrösten.

- Das Gemüse mit 3 l Wasser aufgießen und darin langsam gar kochen. Anschließend durch ein feines Sieb gießen und abkühlen lassen.

- Einen Teil der Gemüsebrühe können Sie einfrieren. Einfach die Brühe in einen Eiswürfelbehälter gießen – so steht Ihnen jederzeit auch eine kleinere Menge zur Verfügung.

Variante Um der Gemüsebrühe ein anderes Aroma zu verleihen, können Sie je nach Geschmack folgende Zutaten beifügen: gemischte Kräuter, wie z. B. Liebstöckel oder Majoran, Tomaten und Knoblauch, ganze Pfefferkörner, Wacholderbeeren, ein Lorbeerblatt und Nelken.

Tipp Anstelle einer Fleischbrühe verwenden Sie am besten diese purinarme Variante, die Sie selbst aus Gemüse kochen (dann am besten gleich auf Vorrat). Gemüsebrühe dient als Basis beim Zubereiten verschiedenster Speisen. Selbstverständlich können Sie sie auch als wärmendes Getränk für zwischendurch einplanen. Sie liefert kaum Energie und schmeckt besonders gut in der kalten Jahreszeit.

Nährwerte pro Portion (250 ml)
40 kcal • 1 g E • 2 g F • 2 g KH • 0 g Ba • 20 mg Harnsäure

Für Tomatenliebhaber

Sugo al pomodore

Für 4 Personen • preisgünstig
⏲ 15 Min. + 30 Min. Garzeit

1 rote Zwiebel • 1 Knoblauchzehe • 200 g Karotten • 150 g Staudensellerie • 600 g Tomaten • 4 EL Olivenöl • 2 EL Tomatenmark • Salz • Pfeffer, frisch gemahlen • ½ TL edelsüßes Paprikapulver • ¼ l Gemüsebrühe (hefefrei) • frische Kräuter

- Zwiebel und Knoblauch schälen und fein würfeln. Karotten waschen, schälen, Sellerie putzen und beides in feine Würfel schneiden.

- Tomaten mit kochendem Wasser überbrühen, häuten, vierteln und den Stielansatz herausschneiden. Olivenöl in einem großen gusseisernen Topf erhitzen. Zwiebeln, Knoblauch, Karotten- und Staudenselleriewürfelchen dazugeben und darin anschwitzen

- Tomatenmark und Tomatenviertel dazugeben und mit Salz, Pfeffer und Paprikapulver würzen. Die Gemüsebrühe aufgießen und zugedeckt etwa 30 Min. köcheln lassen.

Variante Wenn Sie keine selbst gekochte Gemüsebrühe zur Hand haben, dann nehmen Sie 1 schwach gehäuften TL Instant-Gemüsebrühe hefefrei (5 g) und 0,25 l heißes Wasser. Seien Sie dann vorsichtig mit Salz, denn die fertige Gemüsebrühe enthält reichlich Salz.

Nährwerte pro Portion
182 kcal • 3 g E • 13 g F • 10 g KH • 5 g Ba • 30 mg Harnsäure

Fettarme Käsesauce

Helle Sauce

Für 4 Personen • geht schnell
⏲ 10 Min.

4 EL Mehl • 2 EL Rapsöl oder Butter • ⅛ l fettarme Milch • ½ l Gemüsebrühe (hefefrei) • 3 Eier • 4 EL geriebener Käse (z. B. Emmentaler, 45 % Fett) • Salz • frisch geriebene Muskatnuss

● Mehl mit Öl lichtgelb rösten, mit Gemüsebrühe und Milch ablöschen und etwa 5 Min. köcheln lassen.

● Die Eier und den geriebenen Käse unter die Sauce ziehen. Mit Salz und Muskat abschmecken.

Variante Dieses Rezept kann man als Grundlage für viele immer wieder anders gewürzten Saucen verwenden. Rührt man Senf darunter, ergibt sich eine Senfsauce. Klein geschnittener Schnittlauch untergerührt ergibt eine Schnittlauchsauce zu Fisch. Zusammen mit frischem Dill ist es eine Dillsauce, die zu Fisch, Gemüse oder Reis passt.

Nährwerte pro Portion
229 kcal • 9 g E • 17 g F • 9 g KH • 0 g Ba • 7 mg Harnsäure

Zu Kurzgebratenem oder Nudeln

Zwiebelsauce

Für 2 Personen • preisgünstig
⏲ 5 Min. + 10 Min. Garzeit

2 mittelgroße weiße Zwiebeln • 1 Knoblauchzehe • 2 EL Olivenöl • 1 Tasse Gemüsebrühe (hefefrei) • 1 EL Aceto balsamico • 1 EL Sauerrahm • Cayennepfeffer • Worcestersauce • Salz

● Zwiebeln schälen und in Streifen schneiden. Zusammen mit der fein gehackten Knoblauchzehe im Olivenöl goldbraun braten. Mit der Gemüsebrühe ablöschen, den Aceto balsamico zugeben und mindestens 5 Min. köcheln lassen, bis die Zwiebeln weich sind.

● Sauerrahm unterrühren, mit Cayennepfeffer, Worcestersauce und wenig Salz abschmecken.

Variante Frische Rosmarin- oder Thymianzweige zum Aromatisieren dazugeben.

Nährwerte pro Portion
144 kcal • 2 g E • 11 g F • 8 g KH • 2 g Ba • 15 mg Harnsäure

Gut zu Fischfilet

Rote-Bete-Sauce

Für 4 Personen • gut vorzubereiten
⏲ 15 Min. + 15 Min. Garzeit

2 kleine Knollen Rote Bete • 1 Bund Frühlingszwiebeln • 1 Knoblauchzehe • 2 EL Olivenöl • 250 ml Gemüsebrühe (hefefrei) • Salz • Pfeffer, frisch gemahlen • 1 Prise Zucker • 1 EL gehackte Kräuter (z. B. Dill, Estragon, Petersilie) • 3 EL Sauerrahm

● Rote Bete waschen, putzen, schälen und klein würfeln. Frühlingszwiebeln waschen, die weißen Teile in Stücke schneiden, das Grün schräg in feine Ringe schneiden. Die Knoblauchzehe abziehen und zerdrücken.

● Das Weiße des Lauchs im Öl andünsten, Knoblauch und die Rote Bete dazugeben. Gemüsebrühe zugeben und ca. 15 Min. weich dünsten. Mit den Gewürzen abschmecken, den Sauerrahm dazugeben und mit dem Mixstab pürieren. Kräuter und die Lauchzwiebelringe darüberstreuen.

Variante Anstelle von Kräutern eignen sich auch Gewürze wie Kardamom, Kreuzkümmel oder Piment.

Nährwerte pro Portion
148 kcal • 2 g E • 25 g F • 8 g KH • 2 g Ba • 28 mg Harnsäure

Süßes

Typische Spezialität

Rote Grütze

Für 2 Personen • gelingt leicht
15 Min.

300 g gemischte Beerenfrüchte und Sauerkirschen (frisch oder tiefgekühlt) • 20 g Speisestärke oder Vanillepuddingpulver • 200 ml Kirsch- oder Johannisbeersaft • 20–30 g Zucker (je nach Süße des Saftes) • 1 Päckchen Vanillezucker

- Frische Früchte waschen, verlesen und nach Belieben klein schneiden. Tiefgekühlte Früchte auftauen lassen. Speisestärke in 3 EL kaltem Fruchtsaft anrühren. Restlichen Saft mit Zucker und Vanillezucker aufkochen.

- Die angerührte Speisestärke hineingießen und unter Rühren kurz kochen lassen. Evtl. mit Zucker abschmecken, dann die Früchte unterrühren. Abkühlen lassen und in Suppenteller oder Nachtischgläser füllen.

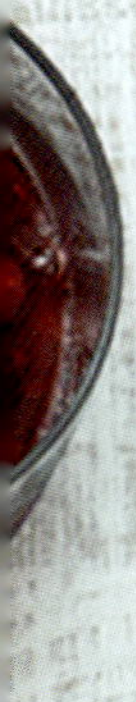

Das passt dazu Typische Begleiter sind Sahne, Vanilleeis oder einer Vanillesauce.

Variante Ursprünglich wird Rote Grütze als Bindemittel verwendet. Wird Sago verwendet, muss dieser vorher 20 Min. einweichen und etwas länger kochen.

Nährwerte pro Portion
246 kcal • 2 g E • 1 g F • 55 g KH • 2 g Ba • 38 mg Harnsäure

Wenig Arbeit und viel Genuss

Beerensorbet

Für 6 Personen • gut vorzubereiten
15 Min. + ca. 4 Std. Gefrierzeit

100 g Zucker • 250 g Brombeeren • 250 g Heidelbeeren • 2 EL Zitronensaft • 300 ml trockener Sekt • frische Minzeblättchen zum Garnieren

- 200 ml Wasser mit dem Zucker aufkochen lassen und so lange köcheln lassen, bis sich der Zucker völlig aufgelöst hat. Danach abkühlen lassen.

- Die Beeren verlesen, waschen und gut abtropfen lassen. Einige schöne Beeren für die Dekoration zurückhalten. Die Beeren mit dem Zitronensaft in eine Schüssel geben und pürieren.

- Das Fruchtmark durch ein Sieb streichen, mit dem Zuckerwasser und dem Sekt gut verrühren. Die Masse in eine flache Schüssel geben und im Eisschrank gefrieren lassen. Das dauert ca. 4 Stunden. Während der Gefrierphase mit einer Gabel immer mal wieder durchrühren.

- Zum Servieren mit einem Eisportionierer Kugeln abstechen und mit frischer Minze garnieren.

Variante Das Beerensorbet lässt sich auch mit wenig Aufwand und ohne Eismaschine herstellen. Wer keine Zeit hat, das Sorbet lange zu kühlen, püriert einfach halbgefrorene Früchte mit dem Sirup. Wer es alkoholfrei mag, nimmt anstatt Sekt Traubensaft.

Nährwerte pro Portion
166 kcal • 1 g E • 1 g F • 29 g KH • 5 g Ba • 15 mg Harnsäure

Eine leichtere Variante

Mousse au Chocolat

Für 4 Personen • braucht etwas mehr Zeit
⏲ 30 Min. + 2–3 Std. Kühlzeit

2 Eiweiß • 1 Prise Salz • 2 EL Zucker • 100 g Zartbitterkuvertüre • 100 g Sahne • frische Minze und/oder Beeren und Schokoraspel

- Die Eiweiße mit dem Salz ½ Min. auf der mittleren Stufe des Handrührgeräts schaumig anschlagen. 1 EL Zucker einrieseln lassen und auf höchster Stufe steif schlagen und anschließend kühl stellen.

- Die Zartbitterschokolade mit einem Messer klein hacken und in einem Wasserbad schmelzen. Anschließend in einen Topf mit kaltem Wasser setzen und die flüssige Kuvertüre unter ständigem Rühren etwas abkühlen lassen.

- Die Sahne steif schlagen. In einer großen Schüssel den Eischnee vorsichtig unter die kalte Sahne heben. Die abgekühlte flüssige Kuvertüre einlaufen lassen und gut unterrühren. Mindestens 2–3 Stunden kühl stellen.

- Zum Abstechen der Nocken einen Esslöffel in heißes Wasser tauchen. Pro Portion 2 Nocken abstechen und je nach Jahreszeit mit frischen Minzblättchen, Beerenfrüchten oder Schokoraspeln garnieren.

Nährwerte pro Portion
225 kcal • 3 g E • 15 g F • 19 g KH • 0 g Ba • 0 mg Harnsäure

Mit köstlicher Himbeersauce

Kokosmilchreis

Für 8 Personen • gelingt leicht
⏲ 10 Min. + 40 Min. Garzeit

1 Vanilleschote • 1 l fettarme Milch • 4 EL Zucker • 4 EL Kokosflocken • 1 Stückchen Zimtstange • abgeriebene Schale von ½ Biozitrone • 200 g Rundkornreis • 300 g Himbeeren (frisch oder tiefgekühlt) • etwas Vanillezucker

- Vanilleschote aufschlitzen, das Mark herauskratzen und in die Milch geben. Zucker, Kokosflocken, Zimtstange und Zitronenschale dazugeben und aufkochen, Reis zufügen und bei geringer Hitze ca. 40 Min. ausquellen lassen. Gelegentlich umrühren, damit nichts anbrennt.

- Zimtstange und Zitronenschale entfernen, den Milchreis in Dessertschalen füllen.

- Für das Himbeermus frische Früchte abspülen, tiefgekühlte Himbeeren antauen. Himbeeren pürieren und durch ein Sieb streichen. Das Himbeermark mit dem Vanillezucker abschmecken und den Kokosmilchreis mit Himbeermus verzieren.

Das passt dazu Kühlen Sie das Dessert und servieren Sie es mit Minzblättchen und ganzen Himbeeren.

Nährwerte pro Portion
262 kcal • 8 g E • 5 g F • 45 g KH • 4 g Ba • 38 mg Harnsäure

» Mousse au Chocolat

Sieht wunderschön aus

Sommer-Fruchtsalat

6 Portionen • gut vorzubereiten
30 Min.

3 EL Honig • 4 EL Zitronensaft • ¼ TL abgeriebene Zitronenschale • 1 kleine Honigmelone • 150 g Erdbeeren • 200 g Heidelbeeren • 2 kleine Bananen

- Den Honig, den Zitronensaft und die Zitronenschale mischen. Die Honigmelone halbieren und mit einem Kugelausstecher Melonenkugeln ausstechen. Die Beeren abspülen und verlesen. Erdbeeren halbieren.

- Die Bananen schälen und schräg in ½ cm dicke Scheiben schneiden. Melonenkugeln, Beeren und Bananen mit der Honigmarinade vorsichtig mischen. Den Fruchtsalat zugedeckt und im Kühlschrank 1–2 Stunden durchziehen lassen.

Tipp Wenn Sie den Salat für längere Zeit kalt stellen, sollten Sie die Bananen zunächst weglassen, weil sie sich sonst verfärben. Erst kurz vor dem Servieren schnippeln und zugeben.

Nährwerte pro Portion
108 kcal • 1 g E • 0 g F • 23 g KH • 3 g Ba • 34 mg Harnsäure

Ein leichtes Sommerdessert

Früchte in Orangensaft

Für 4 Personen • gelingt leicht
25 Min.

2 große Pfirsiche • 250 g Erdbeeren • 2 EL Puderzucker • ¼ l Orangensaft • ½ Bund Minze oder Zitronenmelisse

- Die Pfirsichhaut kreuzweise einschneiden und die Pfirsiche kurz in kochendes Wasser halten. Dann die Haut abziehen, die Pfirsiche halbieren, den Stein entfernen und die Fruchthälften in schmale Spalten schneiden.

- Erdbeeren abspülen, in einem Sieb abtropfen lassen und putzen. Große Erdbeeren halbieren oder vierteln, kleine Früchte ganz lassen. Erdbeeren und Pfirsiche in eine Schüssel füllen, den Puderzucker dazugeben und alles gut mischen.

- Den Orangensaft drübergießen. Minzeblättchen abzupfen und untermischen. Die Früchte mindestens 1 Stunde zugedeckt kalt stellen und im Orangensaft marinieren lassen.

Nährwerte pro Portion
104 kcal • 2 g E • 0 g F • 22 g KH • 3 g Ba • 34 mg Harnsäure

Wenn's draußen stürmt und schneit

Bratapfel mit Preiselbeeren

Für 4 Personen • gut vorzubereiten
10 Min. + 30 Min. Garzeit

4 große Boskopäpfel • 8 EL Preiselbeeren (aus dem Glas) • 2 EL Butter • 4 EL Zucker

- Äpfel abspülen und mit einem Apfelausstecher das Kerngehäuse entfernen. Die Äpfel mit den Preiselbeeren füllen und in eine Auflaufform geben. Butterflöckchen obenaufsetzen.

- Die Bratäpfel im Backofen bei mittlerer Hitze etwa 25–30 Min. backen. Vor dem Servieren mit Zucker bestreuen.

Nährwerte pro Portion
240 kcal • 1 g E • 5 g F • 46 g KH • 5 g Ba • 37 mg Harnsäure

Ein leichter Genuss

Topfenauflauf

Für 4 Personen • preisgünstig
⏲ 10 Min. + 45 Min. Garzeit

4 Eier • 4 EL Butter • 8 EL Zucker • 800 g Quark (20 % Fett) • 8 EL Milch • 6 EL Stärkemehl • 2 EL Zitronensaft • ½ TL abgeriebene Zitronenschale

● Die Eier trennen. 2 EL Butter, Zucker und Eigelb schaumig rühren. Quark, Milch, Stärke, Zitronensaft und abgeriebene Zitronenschale zu der Schaummasse geben und gut verrühren.

● Das Eiweiß zu steifem Schnee schlagen und gleichmäßig unter die Quarkmasse ziehen, in eine gefettete Auflaufform füllen und bei 175 Grad (Umluft 160 Grad) etwa 45 Min. backen.

Tipp So wird's zum Dessert: Quarkauflauf erkalten lassen, kleine Portionen in Schälchen füllen und mit Erdbeersauce garnieren.

Nährwerte pro Portion
565 kcal • 31 g E • 25 g F • 53 g KH • 0 g Ba • 9 mg Harnsäure

Ganz fein – mit Muskat gewürzt

Orangensalat

Für 4 Personen • geht schnell
⏲ 15 Min.

4 mittelgroße unbehandelte Orangen • 4 EL Zucker • 4 EL Zitronensaft • 8 EL Orangensaft • 1 Prise Zimtpulver • 1 Prise frisch geriebene Muskatnuss

● Orangen mit dem Messer vorsichtig schälen, sodass die weiße Außenhaut vollständig entfernt ist. Die Früchte in dünne Scheiben und dann in Würfel schneiden.

● Zitronen-, Orangensaft und Zucker dazugeben und mit den Gewürzen vorsichtig abschmecken.

Variante Anstelle von Zimtpulver und Muskat können Sie auch ein bisschen frischen Ingwer oder Minzeblättchen verwenden.

Nährwerte pro Portion
180 kcal • 2 g E • 0 g F • 39 g KH • 3 g Ba • 34 mg Harnsäure

Prima auch als Zwischenmahlzeit

Himbeerquarkspeise

Für 4 Personen • gelingt leicht
⏲ 15 Min.

200 g Magerquark • 4 EL fettarme Milch • 3 EL Zucker oder Süßstoff • 400 g Himbeeren (frisch oder tiefgekühlt) • 4 TL Zitronensaft

● Quark mit Milch und Zucker schaumig schlagen. Die Himbeeren kurz abspülen und verlesen. Früchte vorsichtig unter den Quark mischen und mit Zitronensaft abschmecken.

Nährwerte pro Portion
124 kcal • 9 g E • 1 g F • 19 g KH • 7 g Ba • 18 mg Harnsäure

Mit frischen Himbeeren ein Traum

Vanillepudding

Für 4 Personen • gelingt leicht
⏲ 20 Min.

4 EL Stärkemehl • ½ l Milch • 1 Vanilleschote • etwas Zitronenschale • 1 Prise Salz • 3 EL Zucker • 200 g Himbeeren

- Die Stärke mit etwas kalter Milch anrühren. Vanilleschote aufschlitzen und das Mark mit einem Küchenmesser herausschaben. Restliche Milch mit Vanillemark, Zitronenschale und Salz in einen Topf geben.

- Die Milch aufkochen, Zucker einstreuen und vom Herd nehmen. Stärke gründlich einrühren und kurz aufwallen lassen.

- Pudding in mit kaltem Wasser ausgespülte Förmchen füllen und nach dem Erkalten auf Dessertteller stürzen. Himbeeren kurz abspülen und verlesen. Den Pudding mit den Himbeeren garniert servieren.

Variante Anstelle der frischen Himbeeren eignen sich auch tiefgekühlte Früchte, wie z. B. Brombeeren, Heidelbeeren oder Johannisbeeren.

Tipp Für einen Cremepudding benötigen Sie zusätzlich 1 Ei: In die Stärkemischung 1 Eigelb rühren und 1 Eiweiß zu Schnee schlagen, den Eischnee in den fertigen, noch heißen Pudding unterheben. Durch das Ei erhält der Pudding auch eine gelbere Farbe. Für einen Schokoladenpudding benötigen Sie 20 g (2 gehäufte EL) echtes Kakaopulver (schwach oder stark entölt), der mit der Stärke und dem Zucker vermischt wird.

Nährwerte pro Portion
173 kcal • 5 g E • 5 g F • 27 g KH • 4 g Ba • 13 mg Harnsäure

Luftiger Auflauf mit Getreide

Aprikosenauflauf

Für 4 Personen • braucht etwas mehr Zeit
⏲ 60 Min. + 12 Std. Einweichzeit

80 g Hafer • 800 ml fettarme Milch • 1 TL abgeriebene Zitronenschale • etwas Salz • 200 g Roggen, geschrotet • 40 g gehackte Haselnüsse • 400 g Aprikosen • 4 Eier • 4 EL Butter • 8 EL Honig • 200 g Magerquark

- Den Hafer über Nacht in reichlich Wasser quellen lassen. Anschließend das Wasser abgießen und den Hafer abtropfen lassen. Milch mit der Zitronenschale und etwas Salz erhitzen. Hafer und Roggenschrot einrühren, aufkochen und etwa 10 Min. quellen lassen. Auskühlen lassen.

- Die Hälfte der Haselnüsse unter den Schrotbrei rühren. Die Aprikosen abspülen, entsteinen und klein würfeln. Die Eier trennen. Das Eiweiß steif schlagen. 2 EL Butter, Eigelb und Honig schaumig rühren.

- Den Quark, die Schrotmasse und die Aprikosenwürfel dazugeben und unterrühren. Den Eischnee gleichmäßig unterziehen. Mit 2 EL Butter eine Auflaufform einfetten, die Masse hineinfüllen und die restlichen Nüsse obenaufstreuen. Bei 175 Grad (Umluft 160 Grad) etwa 40 Min. backen.

Variante Anstelle frischer Aprikosen können Sie auch Dosenfrüchte verwenden. Als herbstliche Variation passen Zwetschgen hervorragend dazu.

Nährwerte pro Portion
746 kcal • 30 g E • 27 g F • 94 g KH • 11 g Ba • 82 mg Harnsäure

» Vanillepudding

Herrlich saftig

Blaubeerpfannkuchen

Für 4 Personen • gelingt leicht
10 Min. + 20 Min. Garzeit

300 g Heidelbeeren (frisch oder tiefgekühlt) • 4 Eier • 200 g Mehl • 300 ml fettarme Milch • Salz • 4 EL Butter • 4 TL Zucker

- Frische Heidelbeeren verlesen, abspülen und sehr gut abtropfen lassen. Tiefgefrorene Heidelbeeren auftauen und abtropfen lassen. Eier trennen.

- Mehl mit Milch und Eigelb glatt rühren, etwas Salz hinzufügen. Eiweiß zu steifem Schnee schlagen und unter den Teig heben.

- Je 1 EL Butter in einer beschichteten Pfanne erhitzen, den Teig portionsweise hineingeben und bei schwacher Hitze leicht anbacken, mit Heidelbeeren belegen und mit Zucker bestreuen. Zugedeckt noch kurz weiterbacken und einmal wenden.

Tipp Wenn Sie Kalorien/Fett sparen wollen, verwenden Sie nur 2 EL Butter.

Nährwerte pro Portion
494 kcal • 16 g E • 22 g F • 56 g KH • 9 g Ba • 53 mg Harnsäure

Schöner Klassiker

Apfelpfannkuchen

Für 4 Personen • braucht etwas mehr Zeit
10 Min. + 20 Min. Garzeit

4 große Äpfel • 4 TL Zucker • etwas Zitronensaft • 4 Eier • 200 g Mehl • 300 ml fettarme Milch • Salz • Zimtpulver • 4 EL Butter

- Äpfel abspülen, schälen und vom Kerngehäuse befreien. In Spalten schneiden und mit etwas Zitronensaft beträufeln. Die Eier trennen, das Eiweiß kalt stellen. Mehl mit Milch und Eigelb glatt rühren, etwas Salz zufügen.

- Eiweiß zu steifem Schnee schlagen und unter den Teig heben. Die Apfelspalten dazugeben und mit etwas Zimtpulver würzen. Aus dem Teig 4 Pfannkuchen backen, dazu je 1 EL Butter in einer beschichteten Pfanne erhitzen, den Teig samt Äpfeln portionsweise hineingeben und bei schwacher Hitze langsam bei sanfter Hitze backen. Zugedeckt noch kurz weiterbacken und vorsichtig wenden.

Nährwerte pro Portion
440 kcal • 16 g E • 17 g F • 56 g KH • 4 g Ba • 18 mg Harnsäure

Unentbehrlich für Apfelstrudel

Vanillesauce

Für 4 Personen • geht schnell
15 Min.

2 EL Vanillepuddingpulver • ½ l fettarme Milch • 1 Päckchen Vanillezucker • 4 EL Zucker

- Puddingpulver mit etwas kalter Milch glatt rühren. Die restliche Milch mit den übrigen Zutaten zum Kochen bringen und vom Herd nehmen. Das Puddingpulver einrühren und die Sauce kurz aufwallen lassen.

Tipp Vanillezucker selbst gemacht: Halbieren Sie eine Vanilleschote der Länge nach und schneiden Sie diese in 2 Stücke. Füllen Sie ein leeres Marmeladenglas mit Kristallzucker und legen Sie die Vanilleschoten hinein. Mit einem Schraubverschluss gut verschließen. Mindestens 14 Tage stehen lassen und zwischendurch schütteln. Den entnommenen Zucker können Sie 3- bis 4-mal wiederauffüllen.

Nährwerte pro Portion
138 kcal • 4 g E • 2 g F • 25 g KH • 0 Ba • 0 Harnsäure

» Blaubeerpfannkuchen

Backen

Für Schokoladenliebhaber

Brownies

Für 12 Stück • braucht etwas mehr Zeit
⏲ 30 Min. + 25 Min. Backzeit

125 g Butter • 200 g Zartbitterschokolade (55 % Kakao) • 150 g Mehl • ½ TL Weinstein-Backpulver • 3 Eier • 1 Prise Salz • 200 g Zucker • 1 TL Vanillezucker • 100 g Walnüsse, gehackt

- Den Backofen auf 180 Grad (Umluft 160 Grad) vorheizen. Die Butter bei geringer Hitze schmelzen und die Schokolade hineinbröckeln. Gelegentlich umrühren, bis die Schokolade geschmolzen ist, dann abkühlen lassen.

- Mehl und Backpulver vermischen. Eier mit Salz, Zucker und Vanillezucker schaumig schlagen. Die lauwarme Schokoladenmasse zufügen und gründlich verrühren. Mehl und Walnüsse untermischen, bis eine glatte cremige Masse entstanden ist.

- Den Teig gleichmäßig in eine mit Backpapier ausgekleidete, rechteckige Backform (30 cm) füllen oder in eine Browniefom (ca. 24 × 24 cm) verteilen.

- Die Brownies auf mittlerer Schiene etwa 20–25 Min. backen. Die Brownies in der Form etwas abkühlen lassen und in 8–10 Rauten oder Rechtecke schneiden.

Tipp Wer keine quadratische Backform hat, der kann auch eine Springform (Ø zwischen 26 und 28 cm) verwenden.

Nährwerte pro Portion
195 kcal • 5 g E • 20 g F • 35 g KH • 1 g Ba • 19 mg Harnsäure

Saftig, schokoladig und einfach lecker

Schokomuffins

Für 12 Muffins • gelingt leicht
⏲ 10 Min. + 20–25 Min. Backzeit

200 g Vollmilchschokolade • 100 g Butter • 200 ml fettarme Milch • 100 g Sauerrahm • 1 Ei • 250 g Mehl • 1 EL Speisestärke • 3 TL Weinstein-Backpulver • 3 EL Kakaopulver (stark entölt) • 60 g Zucker • Salz

- Backofen auf 160 Grad (Umluft 150 Grad) vorheizen. Schokolade in kleine Stücke schneiden. Butter mit 2 EL Schokolade im Wasserbad schmelzen.

- Milch, Sauerrahm und Ei verquirlen. Mehl, Speisestärke, Backpulver, Kakaopulver und Zucker in einer 2. Schüssel vermengen. 1 Prise Salz dazugeben.

- Eiermilch und zerlassene Butter mit einem Kochlöffel locker unter die trockenen Zutaten rühren und die Schokolade zufügen. Nur so lange rühren, bis sich die Zutaten gerade verbinden.

- Ein Muffinblech mit Papierförmchen auslegen und zu etwa drei Vierteln mit Teig füllen. Glatt streichen und 20–25 Min. backen.

- Die Muffins etwa 5 Min. ruhen lassen, aus den Förmchen nehmen und auf einem Kuchengitter auskühlen lassen.

Nährwerte pro Portion
276 kcal • 6 g E • 14 g F • 30 g KH • 1 g Ba • 21 mg Harnsäure

Köstlich mit heißen Kirschen

Waffeln

Für 8 Stück • braucht etwas mehr Zeit
⏲ 30 Min. + 20 Min. Backzeit

Für die Kirschen: 1 Glas Kirschen (720 ml) • 2 gehäufte TL Speisestärke • 2 EL Vanillezucker • Saft von ½ Zitrone • 2 cl Kirschwasser
Waffelteig: 100 g Butter • 120 g Zucker • 2 TL Vanillezucker • 3 Eier • abgeriebene Schale von 1 Zitrone • 150 g Mehl • 1 gestrichener TL Weinstein-Backpulver • 100 ml Milch • Butter für das Waffeleisen • Puderzucker zum Bestäuben • Minze zur Garnitur

● Die Kirschen in einem Sieb abgießen und den Saft dabei auffangen. 3 EL Kirschsaft mit der Speisestärke verrühren. Den restlichen Saft (ca. 220 ml) aufkochen und mit der angerührten Speisestärke binden, kurz aufkochen lassen. Nun die Kirschen unterrühren, Vanillezucker und Zitronensaft zugeben. Nach Geschmack mit Kirschwasser verfeinern.

● Für den Waffelteig zimmerwarme Butter mit Zucker und Vanillezucker schaumig rühren, nach und nach die Eier dazugeben. Anschließend Zitrusabrieb, Mehl, Backpulver und die Milch unterrühren. Waffeleisen aufwärmen, und wenn es heiß ist, mit etwas Butter bestreichen.

● 2 EL Teig auf die Backfläche geben und den Deckel rund 3 Sekunden kräftig andrücken, damit sich der Teig verteilen kann. Die Waffel ausbacken. Sobald sie leicht bräunlich ist, auf einen Rost legen. Waffeln mit Puderzucker bestäuben und mit Kirschen servieren.

Variante Mit Zimt, Kakaopulver oder Lebkuchengewürz.

Nährwerte pro Waffel
358 kcal • 6 g E • 13 g F • 52 g KH • 2 g Ba • 18 mg Harnsäure

Richtig leckere Sommermuffins

Zitronenmuffins

Für 12 Muffins • gelingt leicht
⏲ 15 Min. + 20 – 25 Min. Backzeit

250 g Mehl • 2 TL Weinstein-Backpulver (oder ½ TL Natron) • 1 Msp. Muskatnuss • abgeriebene Schale einer Biozitrone • 50 g Kokosflocken • 1 Ei • 160 g Zucker • 100 ml Rapsöl • 350 ml Buttermilch • 1 EL Zitronensaft • 150 g Puderzucker • 2½ EL Zitronensaft

● Den Backofen auf 180 Grad (Umluft 160 Grad) vorheizen. Die Papierförmchen in das Muffinblech setzen. Das Mehl in eine Schüssel sieben und mit Backpulver, Natron, Muskat, Zitronenschale und Kokosflocken sorgfältig vermischen.

● In einer zweiten Schüssel das Ei aufschlagen und verquirlen. Zucker, Öl, Buttermilch und den Zitronensaft hinzufügen und alles gut verrühren. Die Mehlmischung vorsichtig unterheben.

● Den Teig in die Backförmchen einfüllen und im Backofen in 20 – 25 Min. goldgelb backen.

● Die Muffins etwa 5 Min. ruhen lassen, aus den Förmchen nehmen und auf einem Kuchengitter auskühlen lassen. Puderzucker mit dem Zitronensaft zu einem glatten Guss verrühren und die Muffins mit dem Guss bestreichen.

Nährwerte pro Portion
289 kcal • 4 g E • 12 g F • 42 g KH • 2 g Ba • 9 mg Harnsäure

» Waffeln

Hanna
Paul

Ein Muss beim Kaffeeklatsch

Apfelkuchen

Für 12 Stücke • braucht etwas mehr Zeit
⏲ 90 Min. + 30 Min. Kühlzeit

200 g Mehl • 125 g kalte Butter • 2 EL Zucker • 1 EL Sahne • 800 g Äpfel • 2 EL Zitronensaft • 250 g Quark (20 % Fett) • 2 EL Honig • 3 Eigelbe • 1 TL Zimtpulver • 5 EL Aprikosenmarmelade • Fett für die Form • Pergamentpapier • Hülsenfrüchte (Erbsen, Linsen) zum Blindbacken

- Mehl, Butterstückchen, Zucker und Sahne verkneten und zu einer Kugel formen. Abgedeckt 30 Min. kühl stellen. Backofen auf 180 Grad (Umluft 160 Grad) vorheizen.

- Eine Springform (⌀ 26 cm) fetten. Den Teig auf der bemehlten Arbeitsfläche ausrollen, in die Form legen und dabei einen 3 cm hohen Rand formen. Aus Pergamentpapier einen Kreis in Größe der Form schneiden und auf den Teig legen. Die Hülsenfrüchte darauf verteilen und 20 Min. backen.

- Äpfel schälen, achteln, vom Kerngehäuse befreien und in Spalten schneiden. Mit der Hälfte des Zitronensaftes beträufeln. Quark, Honig, Eigelbe, restlichen Zitronensaft und Zimtpulver miteinander verrühren.

- Hülsenfrüchte und Papier aus der Form entfernen und den Teigboden auskühlen lassen. Danach die Quarkmasse auf dem Teigboden verteilen. Die Apfelspalten fächerartig darauflegen. Den Kuchen weitere 40 Min. backen. Anschließend auskühlen lassen, die Konfitüre erhitzen und die Apfelspalten damit bestreichen.

Nährwerte pro Portion
258 kcal • 5 g E • 12 g F • 32 g KH • 2 g Ba • 17 mg Harnsäure

Prima zum Nachmittagskaffee oder Tee

Sesamhörnchen

Für 10 Stück • gelingt leicht
⏲ 20 Min. + 20 Min. Backzeit

300 g Mehl • 1 Päckchen Weinstein-Backpulver • 80 g Zucker • 1 Prise Salz • 150 g Magerquark, abgetropft • 100 ml Milch • 100 ml Sonnenblumenöl • 1 Eigelb • Milch zum Bestreichen • 1 – 2 EL Sesamsamen zum Bestreuen

- Den Backofen auf 200 Grad (Umluft 180 Grad) vorheizen. Mehl mit Backpulver mischen und in eine Rührschüssel sieben. Übrige Zutaten hinzufügen, mit dem Handrührgerät (Knethaken) verrühren, dann den Teig aus der Schüssel nehmen und mit den Händen nochmals kräftig durchkneten. Der Teig sollte weich und elastisch sein. Wenn der Teig klebt, noch etwas Mehl hinzufügen.

- Aus dem Teig auf leicht bemehlter Arbeitsfläche eine dicke Teigrolle formen und davon mit einem Messer 10 Stücke abschneiden. Jedes Teigstück zwischen den Händen zu einer Rolle von etwa 15 – 18 cm rollen, dann mit dem Nudelholz auf eine Breite von etwa 8 cm ausrollen.

- Anschließend die Teigstücke zusammenrollen, auf das mit Backpapier ausgelegte Backblech legen, dabei jeweils ein gleichmäßig dickes Hörnchen formen. Eigelb mit Milch verrühren, die Hörnchen damit bestreichen und mit Sesam bestreuen. Die Sesamhörnchen ca. 20 Min. backen und anschließend auf einem Kuchengitter auskühlen lassen.

Nährwerte pro Portion
256 kcal • 6 g E • 12 g F • 31 g KH • 1 g Ba • 12 mg Harnsäure

» Sesamhörnchen

Ohne Boden noch besser

Käsekuchen

Für 12 Stücke • geht schnell
⏲ 15 Min. + 1 Std. 15 Min. Backzeit

130 g Butter oder Margarine • 125 g Grieß • 1 Päckchen Weinstein-Backpulver • 1 kg Magerquark • 5 Eier • 150 g Zucker • 1 Prise Salz • 2 Päckchen Vanillezucker • etwas abgeriebene Zitronenschale • 3 TL Puderzucker

- Eine Springform (Ø 26 cm) ausfetten und mit 2 EL Grieß ausstreuen. Den restlichen Grieß mit dem Backpulver mischen. Quark abtropfen lassen. Die Eier trennen und das Eiweiß kühl stellen. Die restliche Butter mit Zucker, Salz und Vanillezucker sehr schaumig rühren. Eigelbe, Zitronenschale und Quark unterrühren und den Grieß einrieseln lassen. Das Eiweiß steif schlagen und vorsichtig unterziehen.

- Den Teig in die Form füllen und bei 175 Grad (Umluft 160 Grad) etwa 75 Min. backen. Evtl. nach der Hälfte der Backzeit mit Alufolie abdecken. Abgekühlt mit Puderzucker bestreuen.

Nährwerte pro Portion
272 kcal • 15 g E • 12 g F • 25 g KH • 1 g Ba • 6 g Harnsäure

Bringt Farbe auf Ihre Kaffeetafel

Heidelbeerkuchen

Für 12 Stücke • gelingt leicht
⏲ 20 Min. + 1 Std. Backzeit

150 g Butter • 100 g Zucker • 1 Prise Salz • ½ TL Zimtpulver • 1 TL abgeriebene Zitronenschale • 2 Eier • 175 g Weizenvollkornmehl • 1 TL Weinstein-Backpulver • 100 ml Buttermilch • 500 g Heidelbeeren • 100 g Walnüsse, grob gehackt

- Butter mit Zucker, Salz, Zimt und Zitronenschale schaumig schlagen. Die Eier nacheinander unterrühren. Mehl mit Backpulver mischen, unterrühren und die Buttermilch dazugeben.

- Den Ofen auf 180 Grad (Umluft 160 Grad) vorheizen. Eine Springform (Ø 26 cm) einfetten. Die Heidelbeeren abspülen und gut abtropfen lassen (tiefgekühlte Heidelbeeren auftauen lassen). Den Teig in die Form füllen, die Heidelbeeren darauf verteilen und die Walnusskerne darüberstreuen. Den Kuchen etwa 1 Stunde backen.

Nährwerte pro Portion
265 kcal • 5 g E • 17 g F • 23 g KH • 3 g Ba • 16 mg Harnsäure

Fein belegt mit Früchten

Biskuitboden

Für 10 Stücke • gelingt leicht
⏲ 10 Min. + 30 Min. Backzeit

3 Eier • 125 g Zucker • 1 Päckchen Vanillezucker • 125 g Mehl • 1 EL Butter

- Den Backofen auf 180 Grad (Umluft 160 Grad) vorheizen. Die Eier trennen. Eiweiß steif schlagen und den Zucker dabei einrieseln lassen. Eigelbe nacheinander untermischen.

- Das Mehl über die Eimasse sieben und vorsichtig unterheben. Die Biskuitmasse in eine gefettete Springform füllen oder auf 10 kleine Torteletteförmchen aufteilen und etwa 30 Min. backen.

Nährwerte pro Portion
133 kcal • 4 g E • 3 g F • 23 g KH • 1 g Ba • 6 mg Harnsäure

» Käsekuchen

Schön erfrischend

Zitronenrolle

Für 10 Stücke • braucht etwas mehr Zeit
⏲ 30 Min. + 1 Std. Ruhezeit

4 Eier • 12 EL Zucker • 1 TL Vanillezucker • 90 g Mehl • 250 g Quark (20 % Fett) • 1 EL Zitronensaft • 1 TL Zitronenschale • 3 EL Milch • 4 Blatt weiße Gelatine • Puderzucker

- Den Backofen auf 180 Grad (Umluft 160 Grad) vorheizen. Für den Teig 3 Eier trennen. Die Eiweiße steif schlagen. 6 EL Zucker und den Vanillezucker einrieseln lassen. Eigelbe untermischen und das Mehl unterheben.

- Auf ein mit Backpapier ausgelegtes Backblech den Teig streichen und etwa 15 Min. backen. Dann auf ein mit 3 EL Zucker bestreutes Küchentuch stürzen, das Papier abziehen und den Biskuit samt Küchentuch aufrollen und abkühlen lassen.

- Den Quark mit 3 EL Zucker, Zitronensaft, Zitronenschale und Milch schaumig rühren. Die Gelatine in kaltem Wasser einweichen und gut ausdrücken. In einem Topf erhitzen, bis sie sich vollständig aufgelöst hat. Unter die Quarkmasse rühren und diese kalt stellen.

- Das restliche Ei trennen und das Eiweiß steif schlagen. Sobald die Creme zu stocken beginnt, den Eischnee unterziehen. Den Biskuit vorsichtig aufrollen, mit der Creme bestreichen, vorsichtig wieder zurollen und vor dem Servieren mit Puderzucker bestäuben.

Nährwerte pro Portion
179 kcal • 7 g E • 3 g F • 29 g KH • 0 g Ba • 5 mg Harnsäure

« Zitronenrolle

Die Arbeit lohnt sich

Apfelstrudel

Für 8 – 12 Stücke • braucht etwas mehr Zeit
⏲ 1 Std. 10 Min + 40 Min. Backzeit

200 g Mehl • Salz • 2 EL Öl • 6 große Äpfel • 2 EL Zitronensaft • 8 EL Rosinen • 8 EL Zucker • 1 TL Zimtpulver • 4 EL saure Sahne • 4 EL Butter

- Das Mehl auf eine Arbeitsplatte geben, etwas Salz hinzufügen und mit etwa 100 ml Wasser und dem Öl zu einem geschmeidigen Teig verarbeiten. In Folie gewickelt etwa 30 Min. ruhen lassen.

- Äpfel schälen, vierteln, vom Kerngehäuse befreien und in dünne Scheiben schneiden. Mit Zitronensaft beträufeln. Die Rosinen abspülen. Rosinen, Zucker und Zimtpulver zu den Äpfeln geben und zugedeckt ziehen lassen.

- Ein sauberes Geschirrtuch dünn mit Mehl bestäuben und den Teig darauf etwa ½ cm dick ausrollen. Um ihn mit den Händen papierdünn auszuziehen, greift man mit bemehltem Handrücken unter den Teig und zieht ihn von der Teigmitte aus vorsichtig nach außen. Die Ränder mit den Fingerspitzen ausziehen, dabei dicke Teigränder abschneiden. Sind Löcher entstanden, diese sorgfältig mit den Teigresten stopfen.

- Den Teigfladen mit saurer Sahne bestreichen, die Füllung darauf verteilen und einen etwa 3 cm breiten Rand lassen. Die Ränder einschlagen und den Strudel von der Breitseite her ausrollen. Ein Blech buttern und den Strudel mit der Naht nach unten draufsetzen. 40 Min. bei 175 Grad (Umluft 160 Grad) backen, immer wieder mit Butter bepinseln.

Nährwerte pro Portion
589 kcal • 7 g E • 16 g F • 102 g KH • 7 g Ba • 58 mg Harnsäure

Lässt sich super einfrieren

Zwetschgen-datschi

Für 16 Stücke • gelingt leicht
30 Min. + 30 Min. Backzeit

½ Würfel Hefe • 8 EL Zucker • ⅛ l lauwarme Milch • 60 g Butter oder Margarine • 375 g Mehl • 1 Prise Salz • ½ TL abgeriebene Zitronenschale • 1 Ei • 2 kg Zwetschgen • 1 – 2 TL Zimtpulver

• Hefe und 1 TL Zucker in der Milch auflösen. Zugedeckt an einem warmen Ort 10 Min. gehen lassen. Butter zerlassen. Butter, Mehl, 5 EL Zucker, Salz, Zitronenschale und Ei in eine Schüssel geben. Die Hefemilch zufügen und zu einem glatten Teig verkneten. Zugedeckt an einem warmen Ort zur doppelten Größe aufgehen lassen.

• Zwetschgen waschen, halbieren und entsteinen. Den Teig ausrollen, auf ein gefettetes Backblech legen und dabei einen Rand hochziehen. Zwetschgenhälften darauf verteilen. Im vorgeheizten Backofen bei 225 Grad ca. 30 Min. backen. 2 – 3 EL Zucker und Zimt mischen und 10 Min. vor Ende der Backzeit über den Kuchen streuen.

Nährwerte pro Portion
198 kcal • 4 g E • 4 g F • 35 g KH • 4 g Ba • 35 mg Harnsäure

Kommt ganz ohne Fett aus

Englischer Gewürzkuchen

Für 10 Stücke • gelingt leicht
15 Min. + 60 – 75 Min. Backzeit

5 Eier • 170 g Zucker • 50 g Orangeat • 50 g Zitronat • 100 g Mehl • 70 g fein geriebene Mandeln • 1 TL abgeriebene Zitronenschale • 1 Msp. Zimtpulver • 1 Msp. gemahlene Nelken • 1 Msp. Kardamom

• Die Eier trennen. Eiweiß steif schlagen, Eigelb und Zucker schaumig rühren. Orangeat und Zitronat fein hacken.

• Mehl mit den geriebenen Mandeln, dem gehackten Orangeat und Zitronat mischen, die Gewürze dazugeben und nach und nach unter die Schaummasse rühren.

• Zuletzt den Eischnee gleichmäßig unter die Teigmasse ziehen und in die Kuchenform füllen. Bei 175 Grad (Umluft 160 Grad) 1–1¼ Stunde backen.

Tipp Der Kuchen eignet sich sehr gut zum Einfrieren.

Nährwerte pro Portion
232 kcal • 6 g E • 8 g F • 32 g KH • 2 g Ba • 15 mg Harnsäure

Passt gut zu Minestrone

Focaccia mit Rosmarin

Für 12 Stück • preisgünstig
40 Min. + 15 – 20 Min. Backzeit

½ Würfel Hefe • 1 TL Zucker • 500 g Weizenmehl Type 550 • ½ TL Salz • 3 EL Margarine • 2 Knoblauchzehen • 6 EL Olivenöl • 1 Rosmarinzweig

• Hefe und Zucker in 300 ml Wasser auflösen. Mehl und Salz mischen. Mit dem Hefewasser und der zerlassenen Margarine zu einem glatten Teig verkneten. Zugedeckt 15 Min. gehen lassen, bis sich der Teig verdoppelt hat. Den Teig kneten, zu einer Rolle formen, in 12 Stücke teilen und zu ovalen Fladen ausrollen. Auf ein mit Backpapier ausgelegtes Backblech geben und mit einem Löffelstiel Vertiefungen hineindrücken.

• Knoblauch zerdrücken und mit dem Öl mischen. Die Teigstücke damit bestreichen und mit dem gehackten Rosmarin bestreuen, 15 Min. gehen lassen. Focaccia im vorgeheizten Backofen bei 200 – 225 Grad in 15 – 20 Min. goldbraun backen.

Nährwerte pro Portion
204 kcal • 4 g E • 8 g F • 30 g KH • 2 g Ba • 17 mg Harnsäure

Einfach köstlich

Zwiebelkuchen

Für 4 Personen • preisgünstig
⏲ 1 Std. + 50 Min. Backzeit

300 g Mehl • 300 ml Milch • ½ Würfel Hefe • 1 Prise Zucker • 1 Ei • 1 Prise Salz • 5 EL Butter oder Margarine • 12 mittelgroße Zwiebeln • 1 Bund Frühlingszwiebeln • 2 EL Öl • 200 g Sauerrahm • 2 Eier • Salz • Pfeffer, frisch gemahlen • 1 Prise Kümmel

- Das Mehl in eine Schüssel geben und in die Mitte eine Mulde drücken. In 150 ml Milch die Hefe auflösen, den Zucker hinzufügen und in die Mulde gießen. Zugedeckt etwa 20 Min. gehen lassen. Ei, Salz und Butter oder Margarine zugeben und alles zu einem geschmeidigen Teig kneten. Zugedeckt 30 Min. gehen lassen.

- Den Ofen auf 180 Grad (Umluft 160 Grad) vorheizen. Die Zwiebeln abziehen und in Ringe hobeln. Frühlingszwiebeln putzen, abspülen und in feine Ringe schneiden. Beides in 1 EL Öl bei schwacher Hitze 5 Min. glasig dünsten, abkühlen lassen.

- Das Backblech einfetten. Den Teig auf dem Blech ausrollen, dabei einen Rand formen. Sauerrahm und Eier verrühren, mit den Zwiebeln mischen, mit Salz, Pfeffer und Kümmel würzen und auf dem Teig verteilen. Den Zwiebelkuchen etwa 50 Min. knusprig backen.

Nährwerte pro Portion
599 kcal • 19 g E • 29 g F • 65 g KH • 6 g Ba • 75 mg Harnsäure

Prima für Freunde

Tomatentarte

Für 4 Personen • gelingt leicht
⏲ 20 Min. + 1 Std. Kühl- und 40 Min. Backzeit

200 g Magerquark • 200 g Mehl • 200 g eiskalte Butter • Salz • Pfeffer, frisch gemahlen • 1 kg Tomaten • 250 g Mozzarella • 4 EL Olivenöl • 3 Knoblauchzehen • 3 EL Kräuter (Basilikum, Oregano, Rosmarin)

- Den Quark abtropfen lassen, das Mehl in eine Schüssel geben, die Butter in kleinen Würfeln und 1 TL Salz hinzufügen. Alles zu einem geschmeidigen Teig verkneten. Zu einer Kugel formen und in Folie gewickelt für mindestens 1 Stunde kühl stellen.

- Frische Tomaten überbrühen, häuten, achteln und quer durchschneiden. Ganze Tomaten aus der Dose abtropfen lassen und halbieren. Mozzarella klein schneiden. Ein Backblech mit 1 EL Olivenöl einpinseln.

- Die Teigkugel aufs Blech legen und mit einer Teigrolle gleichmäßig ausrollen. Dabei einen breiten Rand formen. Den Teig mehrmals mit einer Gabel einstechen. Den Ofen auf 220 Grad (Umluft 200 Grad) vorheizen.

- Den Knoblauch abziehen und in dünne Scheibchen schneiden. Zusammen mit den Tomaten auf dem Teig verteilen und den Mozzarella darüberstreuen. Mit Salz, Pfeffer und mit der Hälfte der Kräuter würzen. Mit dem restlichen Öl beträufeln und im Ofen etwa 40 Min. backen. Nach der Backzeit herausnehmen und mit den restlichen Kräutern bestreut servieren.

Nährwerte pro Portion
433 kcal • 13 g E • 33 g F • 22 g KH • 2 g Ba • 23 mg Harnsäure

Für jeden Anlass

Das schmeckt auch meinen Gästen

Brunch

Wunderbar, seine Freundinnen für ein ausgedehntes Brunch einzuladen – auch ohne Fleischgerichte macht Brunchen viel Spaß. Diese Köstlichkeiten lassen sich prima vorbereiten:

Lockere Einladung

Für liebe Freunde zu kochen macht Spaß. Besonders schön ist es, wenn das Kochen nicht zu viel Arbeit macht und noch genug Zeit zum Quatschen bleibt.

Klassisch für Gäste

Genau das Richtige für alle, die mit großem Appetit am Tisch sitzen und eine Schwäche für Deftiges mitbringen.

Zum Grillfest

Schönes Wetter, gute Laune, leichtes Essen und liebe Freunde – das ist alles, was Sie für einen gelungenen Grillabend brauchen.

Partybüfett

Für Gesellschaften ab 10 Personen eignet sich besonders gut ein Büfett. So kann sich jeder selbst bedienen, die Gäste kommen leichter ins Gespräch und Sie geraten nicht in den Stress, jeden Gang servieren zu müssen. Hier finden Sie kalte und warme Köstlichkeiten, die auf Ihrem Büfett nicht fehlen dürfen.

Fingerfood

Leckere Gerichte, die sich gut vorbereiten und sich prima ohne Besteck essen lassen. Folgendes eignet sich sehr gut, um es seinen Gästen als Fingerfood anzubieten:

Sommermenü

Dolce Vita – fast wie im Süden.

Picknick

Es gibt kaum etwas Schöneres, als unterwegs eine Rast einzulegen. An der frischen Luft schmeckt es allen besonders gut, ein Picknick im Freien ist zwanglos und beliebt bei Groß und Klein.

Kaffeebesuch

Leckere Kuchen und süße Sachen für einen ausgedehnten Kaffeeklatsch.

Weihnachtsmenü

An Weihnachten soll es etwas Besonderes geben. Gleichzeitig wollen wir nicht den ganzen Tag am Herd stehen. Dieses Menü können Sie größtenteils schon am Vortag zubereiten.

Leichtes Frühlingsmenü

Vogelgezwitscher, Duft nach Primeln und Narzissen, dazu liebe Freunde und ein leckeres Menü.

Rezeptverzeichnis

Stichwortverzeichnis

Bibliografische Information der Deutschen Nationalbibliothek
Die Deutsche Nationalbibliothek verzeichnet diese Publikation in der Deutschen Nationalbibliografie; detaillierte bibliografische Daten sind im Internet über http://dnb.d-nb.de abrufbar.

Programmplanung: Uta Spieldiener
Redaktion: Anja Fleischhauer
Bildredaktion: Christoph Frick

Coverfoto: Meike Bergmann, Berlin
Umschlaggestaltung:
Dominique Loenicker, Stuttgart

Fotos im Innenteil:
alle Rezeptfotos: Stefanie Bütow
Foodstyling: Sarah Trenkle
People Fotos: Holger Münch

4. Auflage 2019

Printed in Germany

Satz und Repro: Ziegler und Müller, Kirchentellinsfurt
gesetzt in: APP/3B2, Version 9.1 Unicode
Druck: AZ Druck und Datentechnik GmbH, Kempten

Gedruckt auf chlorfrei gebleichtem Papier

ISBN 978-3-432-10847-6

Auch erhältlich als E-Book:
eISBN (ePUB) 978-3-432-10848-3

Wichtiger Hinweis: Wie jede Wissenschaft ist die Medizin ständigen Entwicklungen unterworfen. Forschung und klinische Erfahrung erweitern unsere Erkenntnisse. Ganz besonders gilt das für die Behandlung und die medikamentöse Therapie. Bei allen in diesem Werk erwähnten Dosierungen oder Applikationen, bei Rezepten und Übungsanleitungen, bei Empfehlungen und Tipps dürfen Sie darauf vertrauen: Autoren, Herausgeber und Verlag haben große Sorgfalt darauf verwandt, dass diese Angabe dem Wissensstand bei Fertigstellung des Werkes entsprechen. Rezepte werden gekocht und ausprobiert. Übungen und Übungsreihen haben sich in der Praxis erfolgreich bewährt.

Eine Garantie kann jedoch nicht übernommen werden. Eine Haftung des Autors, des Verlags oder seiner Beauftragten für Personen-, Sach- oder Vermögensschäden ist ausgeschlossen.

Geschützte Warennamen (Warenzeichen) werden **nicht** besonders kenntlich gemacht. Aus dem Fehlen eines solchen Hinweises kann also nicht geschlossen werden, dass es sich um einen freien Warennamen handelt.

Die abgebildeten Personen haben in keiner Weise etwas mit der Krankheit zu tun.

2 3 4 5 6

FSC www.fsc.org MIX Papier | Fördert gute Waldnutzung FSC® C008457

Liebe Leserin, lieber Leser,

hat Ihnen dieses Buch weitergeholfen? Für Anregungen, Kritik, aber auch für Lob sind wir offen. So können wir in Zukunft noch besser auf Ihre Wünsche eingehen.

Schreiben Sie uns, denn Ihre Meinung zählt!

Ihr TRIAS Verlag

E-Mail-Leserservice:
kundenservice@trias-verlag.de

Adresse:
Lektorat TRIAS Verlag
Postfach 30 05 04
70445 Stuttgart
Fax: 0711-89 31-748

Das richtige Rezept
für jede Indikation

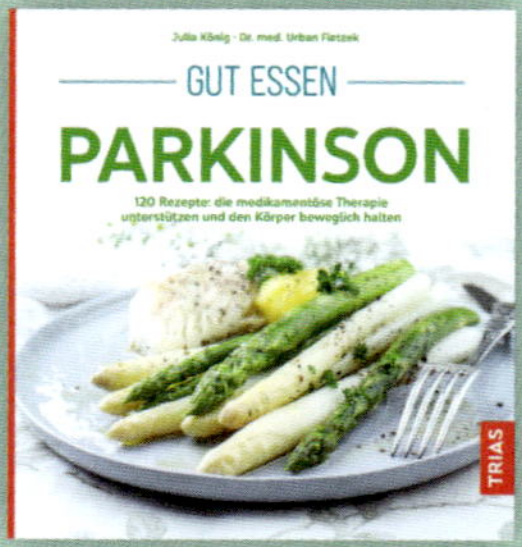

Julia König
Gut essen Parkinson

Dieter Pöhlau/Anne Iburg
Gesund essen Multiple Sklerose

Kirsten Metternich
Köstlich essen Diabetes

Astrid Laimighofer
Köstlich essen Divertikel

Christiane Schäfer/Anne Kamp
Köstlich essen Fruktose, Laktose & Sorbit meiden

Anne Iburg
Köstlich essen –Cholesterin senken

Gernot Keyßer
Köstlich essen – Rheuma

Gudrun Biller-Nagel
Gesund essen – Morbus Crohn & Colitis ulcerosa

Jochem Stockinger/Anne Iburg
Köstlich essen Herzerkrankungen

Auch erhältlich als E-Book!

Mehr Bücher finden Sie hier:
www.trias-verlag.de